여기 우리가 있다

백재중

내과 의사. 차별과 혐오가 없는 건강한 세상을 꿈꾸며, 인권의학연구소 이사로 활동한다. 『자유가 치료다』(2018) 『의료 협동조합을 그리다』(2017) 『삼성과 의료민영화』(2014)를 펴냈다.

여기 우리가 있다
대한민국 정신장애인 수난사

초판 1쇄 발행 2020년 6월 1일
지은이 백재중
만든이 조원경 황자혜 꾸민이 박재원
펴낸이 백재중 펴낸곳 건강미디어협동조합
등록 2014년 3월 7일 제2014-23호 주소 서울시 사가정로49길 53
전화 010-4749-4511 팩스 02-6974-1026 전자우편 healthmediacoop@gmail.com
값 15,000원 ISBN 979-11-87387-16-9-2 03330

* 이 책에 쓴 사진들 중 일부의 출처가 확인되지 않아 정확히 밝히지 못했습니다. 양해 부탁드립니다.

대한민국 정신장애인 수난사

여기 우리가 있다

백재중 지음

건가
미디어
협동조합

"여러분의 참여로 이 책이 태어납니다.
씨앗과 햇살이 되어주신 분들, 참 고맙습니다."

강대곤 강봉심 강정혜 강진영 권성실 권혜경 김기태 김나연 김동길 김동은 김미정 김봉구 김수인 김윤지 김은영 김은혜 김익현 김정우 김정은 김종필 김종희 김지현 김창훈 김태현 김혜이 남명희 마민지 문수영 박건희 박병은 박봉희 박재원 박지웅 박주석 박지설 박현주 박혜경 방선일 백수홍 백영경 백재중 백현정 서종균 서진숙 서채완 석미경 손지현 송승연 송영욱 송현석 송홍석 신동호 신영전 심재식 안태진 안희제 양주희 위대현 유기훈 유원섭 유진경 오경균 오현석 오현정 왕야팡 우석균 이권명희 이병범 이볕 이보라 이선영 이재호 이정남 이종국 이주언 이해령 이화영 이희진 임재영 임종한 장창현 전승욱 전진용 전현구 정선재 정선희 정여진 정윤희 정찬국 정형준 조경애 조계성 조미연 조승원 조원경 조한진희 주윤정 지경주 채찬영 천혜란 최규진 최봉섭 최정화 최현삼 한선경 홍수민 홍재현 야진북스 (108)

여기 우리가 있다

이탈리아 정신과 의사인 바살리아의 활동과 이탈리아 정신 보건 혁명을 다룬 책 『자유가 치료다』는 2018년 8월 세상에 나왔습니다. 정신장애인 협동조합 활동을 다룬 영화 「위캔두댓」을 우연히 본 계기로 이탈리아 정신 보건에 관심 가지기 시작해 책까지 내게 되었습니다. 내과 의사로 정신 보건 관련 저서 출간이 부담스러웠지만 우리와 너무 다른 이탈리아 정신 보건 상황을 정리한 원고를 더 묵힐 수 없었습니다. 책을 출판하고 나서 소임을 다했다고 생각했습니다. 여전히 우리나라 현실은 잘 알지 못했습니다.

『자유가 치료다』가 출간되고 4개월 후 임세원 교수 피살 사건과 안인득 사건이 일어납니다. 이후 우리 사회를 덮친 정신장애 혐오와 낙인의 광풍은 상상 이상이었습니다. 이에 대해 사회가 내놓는 해법은 과거 회귀로, 이탈리아 상황과는 너무 달랐습니다. 가만히 있는 게 죄스러웠습니다. 이런저런 모임에 나가고 강연 요청도 마다하지 않았습니다.

　이탈리아는 오래전에 정신장애인 탈시설화를 마무리하고 정신장애인이 지역사회에서 비장애인과 더불어 살아가고 있습니다. 이는 1978년 '바살리아 법'에 의해 가능했고 이후 40년 동안 잘 유지되는 현실입니다. 물론 그게 그리 간단한 문제는 아닙니다.

　강연을 다니면서 당사자와 가족분들 얘기도 많이 들었고, 정신건강 현장의 문제들도 생생하게 느낄 수 있었습니다. 이해가 깊어질수록 문제는 선명해지는데 해법을 찾기는 쉽지 않았습니다. 시설과 집에 갇혀 지내는 당사자들을 지역사회가 받아들일 준비가 되어야 하는데 오히려 멀어져 가는 느낌이었습니다. 법, 제도는 뒷걸음치지 않으면 다행이다 싶은 상황이었고요.

　문제를 풀려면 어디서 꼬였는지 알아야 해서 우선 과거로 돌아가 보기로 했습니다. '근대 이전에는 정신장애인이 어떻게 살았을

까?' '언제부터 정신장애 관련 시설이 등장했나?' '정신장애인 혐오
와 낙인은 인류 역사와 같이하는지 아니면 이것도 근대의 산물인
지?'

이런 고민 끝에 이 책을 썼습니다. 우리 사회에서 정신장애인이
어떤 존재이고, 세상과 국가는 정신장애인들을 어떻게 취급해 왔는
지 이 책은 기록합니다. 바로 지난 100여 년에 걸친 정신장애인 '수
난'의 역사 기록입니다. 가슴 아프게도 수난은 지금 우리 현실 속에
서도 여전히 진행형입니다.

2019년 말 이 책을 구상하며 자료들을 뒤적이다가 코로나19 유
행에 맞닥뜨렸습니다. 청도 대남병원, 미주병원 등 정신병원에서 발
생하는 집단 감염과 이어지는 사망자 발생은 정신장애인의 현실을
그대로 세상에 내보였습니다. 정신장애인의 참혹한 수난이 계속되
는 사실이 슬펐습니다.

그래서 이 책을 서둘렀습니다. 전적으로 개인 관점에서 정리한 내용이기에 다른 견해가 있을 줄 압니다. 부디 논의를 활성화하는 계기가 되기 바랍니다.

수난의 역사 속에 희생된 그리고 코로나19 감염으로 희생된 정신장애인의 명복을 빕니다.

2020년 6월 1일

정신장애인 수난의 역사는 종교의 이름으로, 사회 복지의 이름으로, 의료의 이름으로 당사자에게 가해진 폭력의 역사다. 일제 강점기 이후 정신장애인 '격리 수용' 패러다임은 견고하게 유지되었다. 국가는 항상 뒤에 숨었다. 무책임과 방치는 국가 폭력의 또 다른 이름이었다. 이제 격리 수용에서 지역사회 복귀와 통합으로 정신 건강 패러다임이 전환되어야 한다. 이는 온전히 국가의 책임이다.

2016년 강남역 인근 화장실에서 한 여성이 정신 병력 있는 남성에게 무참히 살해되는 사건이 일어난다. 이 사건으로 '여성 혐오' 의제가 등장하는 계기가 마련되었지만, 한편으로는 '정신장애인은 범죄자'라는 프레임도 전면에 등장하였다. 2018년 말 정신 병력자에 의한 임세원 교수 피살 사건과 2019년 4월 안인득에 의한 대규모 인명 피해 사건, 그리고 이어지는 사건 사고들로 정신장애인들에게 혐오와 낙인이 쏟아졌다.

언론에는 정신장애인 혐오가 난무했다. 강력범죄가 발생하면 정신 질환이 있는지부터 따지는 분위기가 만들어졌다. 병원과 시설에 갇히거나 집에서 숨어 지내던 정신장애인들에게는 악몽의 시간이 이어졌다. 정신장애인 주간 재활 시설에 반대하는 주민들의 시위가 이어지고 다른 곳에서는 정신병원 개원을 반대하는 주민 집회가 열렸다. '정신'이라는 단어가 들어가는 시설은 전부 혐오시설이 되었다.

혐오 분위기가 거세질수록 당사자와 가족의 반발도 커지고 이에 대항하는 활동들도 전개되기 시작했다. 정신장애인 당사자 운동은 혐오 분위기에 편승한 악법들을 막아내고 정신장애인 권리 옹호를 위한 활동들을 펼쳐 나갔다. 동료지원가 활동 사업이 진행되고 전국 당사자 포럼도 개최되었다. 2019년 가을, 한국에서는 처음으로 '매드프라이드' 행사가 열리기도 했다. 미약하지만 정신 건강에 대한 담론이 형성되면서 사회 의제로 다뤄지기 시작한다.

2020년 들어 신종 전염병 코로나19가 사회를 덮쳤고 정신병원도 이를 피하기 어려웠다. 초기에 청도 대남병원에 입원 중인 103명 정신장애인 대부분이 감염되는데, 이들을 원래 병원에 그대로 코호트 격리하면서 병세가 악화되어 결국 7명이 연달아 사망하는 참사가 발생한다. 이어서 정신병원인 배성병원, 미주병원에서 정신장애인들이 집단 감염되고 일부는 사망한다. 그 과정에서 정신병원의 열악한 입원 환경이 언론에 그대로 드러나면서 동정과 비판 여론이 일기도 했다.

강남역 사건에서 코로나19 유행까지 정신장애인들은 혐오, 낙인에서 동정 사이를 오갔다. 시설에 격리되었거나 집에서 숨죽이고 지내는 정신장애인에게 이 세상은 결코 평탄하지 않다. 혐오도, 낙인도, 동정도 그저 불편하다.

정신장애인도 평범한 시민으로 지내기를 소망한다. 세상에서 어울려 살아가기를 원하고 직장을 구하고 결혼해서 가정을 꾸리고자 한다. 그러나 현실은 그리 녹록하지 않다. 정신장애인은 우리 사회 가장 밑바닥에서 잊힌 존재로 살아간다. 간혹 혐오나 동정의 대상으로 소환되기도 하지만 금방 잊힌다. 이제 우리는 정신장애인들이 과거에 어떻게 살아왔고, 지금 어떻게 살고 있는지 되돌아볼 필요가 있다.

이 책은 지난 우리 역사에서 정신장애인들이 어떻게 살아왔는지, 정확하게는 어떻게 수난을 겪어왔는지 기록하는 데 목적을 둔다. 일제 강점기 이후 100년이 넘었지만 이들을 이해하고 인정하는 방식은 달라지지 않았다. 지금도 수난의 역사는 계속되고 있다.

이 책의 1장에서는 일제 강점기 이전 농경사회에서 정신장애인의 상황을 간단히 기술하였다. 과거 농촌 공동체 사회는 농업 기반의 대가족 사회였다. 유아 사망률이 높던 시절 생존 자체가 경쟁력이었고 농업의 특성상 장애인도 생산에 기여할 수 있었다. 혈연 중심의 대가족 제도는 돌봄의 강력한 지지대가 되었다. 장애-비장애의 구분도 없었고 정신장애인도 사회의 구성원으로 살아가는 데 큰 문제가 없었다.

2장은 일제 강점 시기를 다룬다. 메이지 유신을 통해 근대 국가를 건설하고 전쟁 국가로 치달은 일제는 건설과 전쟁을 수행하기 위해 '신체적, 정신적으로 건강한 젊은 남성'이 필요했다. 장애와 비장애의 구분이 시작되고 정신장애인은 2등 국민으로 전락한다. 정신장애인은 격리와 수용의 굴레 속으로 빠져들기 시작했다. 우생학은 이를 뒷받침하는 강력한 무기였다. 1920-30년대를 풍미한 우생학의 주된 표적은 정신장애인이었다. 혐오 의식이 싹트고 낙인이 찍힌다. 당시 신문들이 이런 혐오와 낙인 기제를 확대 재생산하는 데 기여한다. 일부 정신장애인의 공격성이 대대적으로 보도되면서 '사회 방위' 이데올로기가 작동한다. 아직은 농촌 공동체 사회가 유지되는 때여서 본격적인 수용과 격리로 치닫지는 않는다.

3장은 해방 후 1995년 정신보건법이 제정될 때까지 정신장애인의 참담한 현실을 담았다. 산업화 도시화가 진전되면서 농촌의 대가족 제도가 붕괴한다. 정신장애인의 생산 참여는 감소하고 돌봄 지지 기반도 취약해진다. 가족들의 정신장애인 돌봄 부담이 크게 늘면서 수용 시설 요구가 증가하기 시작한다. 군사 정부는 사회 방위 이데올로기를 전면에 내세우면서도 정신장애인에 대한 공공 투자를 회피한다. 이 공백을 채운 것은 종교의 이름을 건 기도원과 복지의 이름을 건 정신 요양원들이다. 유럽에서 17-18세기 절대 왕정 시절 정신장애인을 결박했던 쇠사슬이 20세기 후반 대한민국에 등장한다.

군사 독재 정부 아래서 정신장애인에게 자행된 폭력은 집요하였다. 일부 기도원, 부랑인 시설이 전면에 나서고 국가는 뒤에서 이를 묵인 방조하거나 적극 협력하고 지원하였다. 이것도 국가 폭력의 연장이었다. 이 시기는 혐오와 낙인을 넘어 수용, 격리, 배제 기제가 전면화한 시기다. 정부는 공공 투자를 외면하면서 간접 통제, 대리 통제의 교묘한 지배 장치를 작동시킨다. 책임은 온전히 시설과 가족에게 전가된다.

4장은 1995년 정신보건법 제정 이후 시기다. 정신보건법 제정 후 불법 시설을 정리하면서 생긴 공백을 메우기 위해 정신 의료 기관이 운영하는 정신 병상이 급속히 증가한다. 여전히 공공 투자는 부족하고 민간 부문이 국가를 대신하여 대리 통제에 나선다. 늘어나는 정신병원이 새로운 격리 수용소 역할을 맡는다. 불법 기도원, 정신 요양원에서 합법의 정신병원으로 환자들이 이동한다. 수용과 격리의 기본 패러다임 자체는 변하지 않는다.

지역사회 정신 보건을 위해 정신 보건 센터가 설립되지만 새로운 권력으로 등장한 정신병원에 의존적이거나 종속된다. 임세원 교수 피살 사건, 안인득 사건 등이 이어지면서 정신장애인에 대한 혐오, 낙인은 극에 달한다. 정신장애인 강제 입원 요구가 증가한다. 한편 2020년 코로나19 유행으로 청도 대남병원, 미주병원 등에 입원했던 정신장애인이 대규모로 감염되고 희생된다. 열악한 입원 환경이 드러나면서 격리, 수용으로 유지되던 전근대적 감금 방식에 대한 비판도 드세진다.

5장에서는 현재도 진행 중인 정신장애인의 수난 현실을 기술했다. 정신장애인의 실제 범죄율이 아주 낮고 오히려 자살률이 높다는 사실을 밝힌다. 강제 입원과 장기 입원, 지역사회 정신 보건 인프라 취약성, 주거와 고용 문제들을 살펴본다.

6장에서는 수난과 핍박을 넘어 어떻게 새로운 희망을 만들어 갈지, 의견을 밝혔다. 먼저 새롭게 태동하고 있는 정신장애인 당사자 운동에 대해 간략히 설명했다. 이제 병원 중심에서 지역사회 중심의 정신 보건으로 패러다임이 전환되어야 한다. 지역사회 정신 보건에서 가장 앞서 나가고 있는 이탈리아 사례를 우리나라와 비교하면서 우리에게 무엇이 부족한지 따져보았다. 이탈리아 모델을 우리에게 직접 적용하기는 어렵겠지만 개혁의 방향을 설정하는 과정에서 크게 참고할 수 있을 것이다.

조현병 환자를 포함한 정신장애인을 만나서 얘기를 나눠 본 독자가 그리 많지는 않을 것이다. 이들이 우리 주변에서 사라져서 그렇다고 봐야 할 것이다. 한적한 시골 아니면 도심 빌딩의 어느 정신병원에 수용되어 있거나 집에서 숨어 지낼 가능성이 많다.

잊힌 존재, 투명 인간으로 지내온 시간이 너무 길다. '여기 우리가 있다'는 외침은 존재 회복을 기다리는 정신장애인의 희망이다.

1장

근대 이전의
정신장애인

정신장애에 대한 혐오와 낙인이 당연하고 만연한 지역사회 상황에서 비장애인과 어울려 살아가는 모습은 낯설기만 하다. 과거에도 그랬을까 하는 의문을 한번쯤은 가져봤을 것이다. 정신장애인의 격리 수용이 너무 당연해서 아예 다른 생각 자체를 해보지 못했을까? 다른 생각을 해 볼 계기조차 없었을 수 있겠다.

조선 시대에 정신장애인들은 어떻게 살았을까? 그때도 지금처럼 혐오가 넘쳐나고 많은 정신장애인이 시설에 갇혀 지냈을까? 조선 시대에는 최소한 정신장애인을 격리 수용하는 시설은 없었다는 것이 지금까지 역사학자들이 내린 결론이다. 시설에 대한 문헌 기록이 없다. 흔적이 없는 셈이다.

정신장애인에 대한 차별, 혐오나 낙인도 심하지 않았던 듯하다. 가족과 지역사회에서 분리하여 별도 장소로 격리해야 한다는 인식도 없었고 당연히 정신병원 또는 수용소는 존재하지 않았다.

정신 질환 증상이 심하지 않은 경우 사회에서 일반인과 섞여서 어울리며 살았고 관직에도 나갈 수 있었다. 증상이 심한 경우는 가족의 도움을 받아야 했지만 결혼해서 가정을 꾸릴 수 있었고 자식을 낳을 수도 있었다. 장애인과 비장애인이라는 구분 자체가 명확하지 않았다.

조선 시대는 농경 사회였다. 씨족 중심의 대가족 제도에 기반을 두고 농사를 지으며 살았다. 농사 자체가 현대 사회의 팍팍한 출퇴근 업무와 같지 않아서 정신장애인도 농사에 참여할 수 있었다. 유아기 사망률이 높던 시절이어서 생존 자체가 경쟁력이고 노동력으로 기여할 수 있는 여지가 컸다. 정신장애인도 생산자의 일원이었다.

씨족 사회고 대가족제여서 정신장애인이 배척당할 일이 적었다. 마을 전체가 돌봄 역할을 공동으로 맡는 여유도 있었다. 정신 질환자라기보다는 '귀신 들린 사람'으로 인식하고 가족 친지들이 가엾게 여기며 보살폈다.[1]

민간 신앙에서는 신의 매개인 무당이 정신 질환자에게 붙은 악귀를 쫓아내는 의식인 '굿'을 했다. 치료자인 무당이 정신 질환자의 몸을 결박하고 징과 북을 치면서 독경을 외우다가 어느 정도 시간을 보낸 뒤 나뭇가지로 이들을 치면서 귀신 쫓는 행위를 시작한다. 때로는 나무에 매달거나, 금식을 시키기도 했다.[2] 최근까지도 정신 질환이 발병할 때 굿을 하러 다니느라 조기 치료가 늦어지는 경우가 종종 있었다.

전통 한의학은 『황제내경』과 『동의보감』 등에 근거하여, 각기 상징적 기능을 수행하는 신체 장기들 중 제대로 작동하지 않는 장기가 있을 때 질병이 생긴다고 본다. 정신병은 신체 장기, 특히 '장'의 기능이 강해서 생긴다고 보고, 이를 약화하는 치료법을 사용한다.

정신 병자는 주로 '전광癲狂'이나 '노광怒狂'이라 하였다. 전광이란 너무 자주 기뻐하거나 혹은 너무 자주 화내는 것을 말하며, 치료에는 울금환鬱金丸을 사용하여 가슴에 붙은 무엇인가를 떨어져 나가도록 해서 신기가 상쾌해지며 담을 크게 삭이는 효능을 보고자 하였다. 노광은 양기가 갑자기 막혀 잘 통하지 않아 생기는 증상으로 치료법으로는 금식 외에 약물 치료로 생철락生鐵落을 물에 타서 먹었다고 한다.[3]

서양의 여러 나라에서는 정신장애인을 대하는 인식과 태도가 우리와 큰 차이를 보였다. 오래전부터 혐오, 낙인, 격리의 기제가 작동하였다.

유럽에서 가장 오래된 정신병원인 베들렘Bethlem 병원은 1247년 런던에 설립되었다. 여기에 1403년 귀화인을 수용하면서 6명의 광인도 함께 입소한다. 시간이 지나면서 결국 수용인 대부분이 정신장애인으로 바뀐다.[4]

이곳은 치료하는 곳이라기보다는 감금과 고문, 가혹 행위 등이 이루어지던 학살 장소로 유명했다. 1620년 악명이 높았던 베들렘 병원 환자들이 '베들렘 병원의 가난하고 억울한 자들의 수용자 처우에 관한 청원'을 영국 상원에 제출하기도 했다. 이 병원은 서양에서 '정신병원의 원형'으로 불린다.[5]

14-17세기 유럽에서는 마녀 사냥이 기승을 부리면서 참혹한 박해가 이어지는데 20-50여만 명이 처형대로 끌려갔다고 추정된다. 다양한 사람들이 화형대로 끌려갔는데 그 중 정신장애인들이 상당수 포함된 것으로 보인다.

르네상스 시대에는 정신장애인을 특별한 감성과 재능을 가진 사람으로 여겼으나 17세기 중반 '이성의 시대Age of Reason'에 이르러 '비정상인'으로 간주하면서 격리하기 시작했다.

중세 십자군 전쟁 이후 유럽에 한센병이 창궐하자 이들을 격리하기 위한 수용소가 대거 세워진다. 15세기를 지나면서 한센병이 거의 소멸하자 이곳은 유휴 시설이 된다. 이들 수용소에 한센병 환자 대신 창녀 부랑자 빈민 걸인 범죄자 고아 동성애자 간질환자 자유사상가 치매환자 정신장애인들이 격리 수용되기 시작한다. 17세기 중반 파리에서만 인구의 1%가 넘는 6천여 명이 강제로 수용되는 '대감금의 시대'가 열린다.

1656년 루이 14세가 구빈원 설치에 관한 칙령을 반포한 이후 파리를 기점으로 유럽 전역에 구빈원 형태의 수용 시설이 운영되기 시작한다. 한센병 환자 수용 시설은 일종의 격리 시설이었으나 구빈원은 이와 달리 교정을 위한 수용 시설이므로 이들은 감금 상태에서 노동하고 새로운 도덕을 몸에 익혀야 했다.[6]

이후 정신장애인은 위험 인물로 간주되어 수용소에서 쇠사슬에 묶여 지내야 했다. 프랑스 대혁명 직후에 정신과 의사 필립 피넬 Philippe Pinel(1745-1826)은 정신장애인들을 쇠사슬에서 해방시킨다.

필립 피넬

프랑스 혁명 이후 혁명 집단에 참여한 젊은 의사 피넬은 정신 질환의 치유 가능성을 믿었고 인도주의적 돌봄의 개혁주의 이상을 강하게 품었다.

피넬은 1793년 비세트르Bicetre 병원에서 정신장애인들을 쇠사슬에서 풀어내 명성을 얻게 된다. 1795년 살페트리에르Salpetriere 병원 원장이 되던 때도 이 병원 환자들의 사슬을 풀어주었다.[7]

정신장애인들은 쇠사슬에서는 풀려났지만 여전히 수용소 격리와 감금에서는 벗어나지 못했다. 당시 쇠사슬을 끊은 것조차도 큰 진전으로 평가받는다. 18세기 후반 들어 정신병원들이 설립되어 정신장애인을 격리 수용하게 된다. 감옥 같았던 수용소가 정신병원이라는 시설로 바뀌지만 환경이 그리 나아지진 않는다.

1960년대 탈시설 운동이 시작되면서 비로소 정신장애인의 격리, 수용 문제가 본격 사회 이슈로 다뤄지고 그동안 공고했던 정신병원의 문이 열리고 정신장애인들은 지역사회로 돌아오게 된다. 서양 선진국에서는 정신장애인의 탈시설화가 어느 정도 진행되어 대부분 지역사회를 기반으로 한 정신 의학이 자리를 잡았다.

일본만 예외다. 일본은 여전히 인구당 정신 병상이 OECD 국가 중 가장 높은 나라이다. 서양에서 일어났던 정신장애인에 대한 집단 차별과 박해가 조선 시대에는 없었다. 마녀 사냥도 없었고 정신장애인을 격리하기 위한 대규모 수용소도 없었다.

일본은 조선과 달리 신당神堂이나 광질원狂疾院 등에서 정신 질환자를 수용했다고 한다. 집안에 격리 시설을 만들어 가두어 놓는 '사택감치'라는 방식도 운용했다. 사택감치는 일본의 독특한 수용 방식이었다.[1] 이전부터 있었던 사택감치는 1900년 '정신병자감호법'에 명문화되었으며 1950년대 '정신위생법'에 의해 폐지될 때까지

......

1. 정신 병자를 집에 감금하는 '사택감치'라는 방법은 1900년의 정신병자감호법에서 시작된 것이 아니다. 이 모델의 하나로, 1603-1868년 에도 봉건 시대의 '간뉴檻入' 제도를 들 수 있다. 도쿄의 옛 이름인 에도에는 당시 미친 사람(정신 병자)에 대한 세 가지 처우 방식이 있었다. 첫째는 '뉴로入牢'다. 미친 사람의 가족이나 집 주인, 그 가족이 속하는 다섯 가족(五人組, 에도 시대의 상호 감시제도)이 뉴로 신청을 하면 미친 사람을 감옥에 감금할 수 있다. 둘째는 '간뉴'로, 살고 있는 집 안에 만든 우리에 감치하는 것이다. 뉴로가 발광에 따른 문제행동을 경계하는 것이라면, 간뉴는 징벌을 주기에 마땅하지 않은 존속이나 상속인에게 행해진 듯하다. 셋째는 '다메아즈케溜預'다. 뉴로 중인 사람의 병세가 악화되어 감옥에서의 감금이 어려워지면 '다메溜'에 맡겨졌다. 다메는 병든 죄인, 행로병자, 집 없는 사람을 위한 수용 시설이다. 에도에는 아사쿠사浅草와 시나가와品川, 두 곳에 다메가 있었다.

　근대 국가가 정비된 1868-1912년 메이지明治 시대에 위 세 가지 형태 가운데 간뉴가 사택감치 제도로 이어졌다고 생각된다. 다만 에도 시대의 간뉴는 상속자나 존속을 대상으로 하였으나 사택감치에는 대상자에 제한이 없었다. 또 간뉴를 대신해 '철창鎖錮'이라는 말이 사용되었다. ('정신의료 이동 박물관 전시 프로젝트」 『사택감치와 일본의 정신의료사』 2014년 11월 12-14일, 서울)

일본의 사택감치 모습@『사택감치와 일본의 정신의료사』[8]

유지되었다.[2]

가족이 감당하기 어려운 경우는 시설로 보내지기도 했다. 이런 곳들은 단지 수용 또는 감금 기능을 수행할 뿐이었다.

이처럼 일본에는 대규모는 아니어도 정신장애인을 격리 수용하는 문화 전통이 있었다. 메이지 유신을 거치면서 서구화 정책이 강하게 펼쳐질 때 서양 의학 영향도 크게 작용했다. 정신 의학 분야에서는 서양의 격리, 배제 시스템이 근대화의 이름으로 급속하게 도입되었다.[9] 그 영향으로 1875년 최초의 근대적 정신병원인 '쿄토 텐쿄잉京都癲狂院'이 설립된다.[10] 이러한 전통이 일제 강점기 우리 사회에 영향을 미칠 수밖에 없었다.

‥‥‥
2. 사택감치가 사회 제도로 유지된 것은 법으로 인정했기 때문. 감독 의무자는 경찰서에 신고해서 지방 장관의 허가를 받아 정신장애인을 집에 가둘 수 있었음

1. 정정엽, 「정신보건을 바라보는 또 하나의 시선」, 『정신의학신문』 2017.9.13

2. 이방현, 「식민지 조선에서의 정신병자에 대한 근대적 접근」, 『의사학』 제22권 제2호(통권 제44호), 2013.8

3. 이방현, 같은 2013년 글

4. 에드워드 쇼터, 『정신의학의 역사』, 최보문 옮김, 바다출판사, 1997

5. 박종언, 「당사자주의 원칙 지키고 장애인복지법 15조 폐지 공동 투쟁 진행해야」, 『마인드 포스트』 2019.10.16

6. 이영남, 「그들은 환자를 가뒀다. 가난한 사람을 가뒀다. 그리고…」, 『미디어오늘』 2016.8.1

7. 에드워드 쇼터, 『정신의학의 역사』, 최보문 옮김, 바다출판사, 1997

8. 「정신의료 이동 박물관 전시 프로젝트」, 『사택감치와 일본의 정신의료사』 2014.11.12-14, 서울

9. 박종언, 조성용, 「일본은 긴급입원을 '위험성'이 아니라 '치료'와 '보호'라는 측면에서 합니다」, 『마인드포스트』 2019.9.27

10. 이나미·이부영, 「서양정신의학의 도입과 그 변천과정 (1)」, 1995년도 서울대학교 대학원에서 통과된 이나미의 박사학위 논문

2장

일제 강점기
정신장애인의 현실

　조선이 일제 식민지가 되면서 정신장애인의 생활에도 큰 변화가 생긴다. 조선 시대 농경 사회에서 장애인, 비장애인 구분 없이 더불어 살아가던 생활이 근본적으로 흔들리기 시작한다. 우리보다 앞서 서양 의학을 받아들인 일본은 의학의 분과로 정신과를 두고 정신 질환자를 비장애인과 구분하기 시작하였다. '구분'은 차별과 혐오로 이어지는 징검다리 역할을 한다.

　앞서 보았듯 일본은 조선보다 정신장애인 격리 수용에 익숙했다. 사택감치처럼 집에서 격리하기도 했고, 별도의 수용소도 있었으며, 이미 근대적 정신병원도 설립되었다. 일본의 이러한 관점과 태도가 바로 식민지 정책에 반영될 수밖에 없었다. 근대 국민 국가 구성에서 정신장애인을 배제해야 할 대상으로 바라보던 관점은 식민지 조선에도 그대로 적용되었다.

　조선총독부는 식민지 관리를 위해 통제 강화 필요를 느꼈다. 불온한 사상을 가진 사람, 불온한 행동을 보이는 사람을 감시하고 여

차하면 가둬야 했다. 일제는 위생 경찰[1] 제도를 운영했는데 전염병 같은 보건과 의료 영역도 경찰 소관이었고 정신장애 문제도 경찰이 관리 통제하였다.

일제 강점기에 전쟁으로 치닫던 일본은 건강한 몸과 정신을 가진 인력이 필요했다. 메이지 유신에 성공한 일본은 건설 산업과 전쟁을 통해 근대 국가를 구축해 나갔고 그 과정에서 장애인은 방해물에 불과한 존재였다. 장애와 비장애를 구분하고 정신장애와 비정신장애를 구분하기 시작한다. 국가 건설의 근간이 되는 사람과 방해물에 불과한 주변인으로 분리한다. 단순한 구분이 아니라 우등 국민과 열등 국민으로 나누는 차별적 분리였다.

정신장애인과 비정신장애인의 차별적 분리는 우생학이 도입되면서 가속화했다. 우생학을 근거로 '단종'에 대한 논의가 활발해진다. 단순한 차별, 혐오를 넘어 배제, 제거 수준으로 논의가 확대된다. 이때 형성된 정신장애인에 대한 강고한 낙인 효과는 해방 후 일제가 물러간 다음에도 이 땅에 그대로 남아 지금까지 유지된다. 지금 공개적으로 우생학을 얘기하지는 않지만 우생학이 남겨 놓은 유산은 여전히 강력한 영향력을 유지한다.

정신장애인에 대한 혐오 낙인에도 불구하고 유럽처럼 거대한 수용소나 정신병원을 건설하지 않는다. 여전히 농경 사회가 유지되었기에 지역사회 돌봄이 가능한 상황이었고, 수용소 건설과 유지에는 비용을 들여야 하니 재정 부족이 그 이유다. 일제는 메이지 유신 이

......

1. 경찰이 위생을 담당하는 제도로 그 연원은 18세기 후반에서 20세기 초반의 오스트리아와 독일로 거슬러 올라감. 일본은 독일 의료를 받아들이면서 위생 경찰 제도를 도입

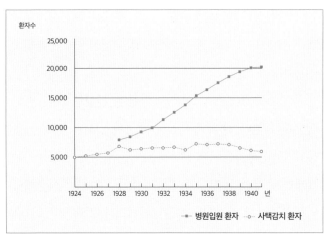

환자수

[그림 1] 1920-30년대 일본 사택감치 환자와 병원입원 환자 추이[1]

후 군사력 기반으로 팽창 정책을 추구했고 이에 군사비 지출이 늘어 정신장애인 수용 시설 건립은 뒤로 밀린다. 유럽에서는 한센병 환자를 가두던 수용소 시설을 활용하기 위해 정신장애인을 격리, 감금했지만 조선에는 그런 시설이 없었다.

일본 본토에서는 당시 정신 의료 근대화를 추진하는 일부 정신 의학자들이 사택감치를 강력히 비판하면서 정신병원 건설 추진을 주장했다.[2] 이에 따라 1919년 '정신병원법'이 제정되면서 전국에 공공 정신병원 설치를 추진한다. 10-15년에 걸쳐 매년 3-4곳씩 전국에 공공 정신병원을 설립할 계획이었으나 법률이 폐지되는 1950년

.....
2. 1910년대 동경제국대학 정신과 교수이자 동경도립 마츠자와松澤 병원장을 지내고 일본의 피넬이라 불리는 구레 슈조吳修三 등이 정신장애인 수용 시설 환경 개선을 위해 대대적인 캠페인을 진행

까지 실제 개원한 것은 8곳에 불과했다. 설립이 지체된 것은 재정 이유 때문이었다.

공공 정신병원의 설립은 지지부진했으나 사립 정신병원은 도쿄나 오사카 등 대도시에 많이 설립된다. 공립 정신 병자 수용소나 감치실은 정신 병상이 부족한 지방의 시정촌市町村에 주로 설치되었다. 이 경우 가족을 대신해 시정촌장이 감호 의무자가 되었다. 1920-30년대에는 병원에 입원하는 환자가 계속 증가한다. 한편 지방에서는 정신 병상이 부족해 여전히 사택감치에 의존하는 상황이 달라지지 않았다. 그 결과 전국적으로 보면 사택감치 환자 수는 별로 변화가 없거나 혹은 조금 늘어나는 상태가 계속되었다.[2]

● **조선총독부의 정신장애인 정책**

일본 본토와 마찬가지로 식민지 조선에서도 정신병원과 같은 수용소를 설치하여 격리, 수용하는 것이 조선총독부의 기본 방침이었다. 그러나 조선에서 관련 법규 제정과 병원 설립이 제대로 추진되지 않는다. 조선총독부 경무국이 본국에 정신병원 설치를 위한 예산 신청을 하지만 승인이 나지 않는다. 경제 공황, 중일 전쟁과 만주사변 그리고 태평양 전쟁 등 침략 전쟁으로 긴축 재정이 불가피했던 사정 때문이다.

이에 조선총독부는 관련 법을 제정하고 정신 병자를 수용할 방안을 스스로 마련할 수밖에 없었다. 그 방안은 합병 이래로 정신장애인 감시와 치료 역할을 수행해 온 경찰과 정신 보건 관계자 그리고 1920년대 새로 생긴 사회 사업 관계자들에게 정신장애인 관리의 책임을 부여하는 것이었다. 이 세 전문가 집단은 정신장애인 관리 측면에서 유기적인 협력 관계를 맺게 된다.[3]

경찰에 의한 정신장애인 관리의 법적 근거는 일제 강점기 가장 철저했던 치안 법률로 평가받는「경찰범처벌규칙警察犯處罰規則」[3]으로, 정신장애인 관련 법이 따로 없던 일제 강점기 가장 주요한 제도였다.「경찰범처벌규칙」중 정신장애인 관련 조항은 본 법률의 제55항이다. '위험 우려가 있는 정신장애인 감호에 소홀하여 옥외에서 배회하게 한 자'는 구류 또는 과료에 처한다고 명시되었다.[4]

일제는 이 법률에 근거하여 정신장애인에 대한 1차 감호 의무를 가족에게 부여하였다. 감호의 의무를 소홀히 하여 정신장애인이 배회할 경우 그 가족을 범법자로 처리하여 벌금을 부과하였다. 그리고 가족이 제대로 관리하고 있는지를 감시하고 처벌하는 기관을 경찰로 상정하였다. 가족에 의한 정신장애인 감시 모습이 당시 신문에 자주 게시되었다. 정신장애인이 손발이 묶인 채 집에 감금되어 있거나, 때로는 집에 불이 났을 때 감금되어 있던 정신장애인이 도망가지 못해 불타 죽기도 했다. 이들에 대한 처우가 매우 비인간적이었음을 짐작할 수 있다.[5]

경찰의 단속만으로는 관리에 한계가 있다고 판단한 조선총독부는 직영의 정신장애인 수용 시설을 대안으로 고려하였다. 이에 따

......

3. 해방 후 1954년에 제정되는「경범죄처벌법」의 모태가 됨

라 경무국은 정신장애인을 합법적으로 감치할 별도의 법 제정과 정신병원 설립을 위해 노력하였다.[6]

1930년대 이르면 정신장애인뿐 아니라 한센병 환자[4], 마약 중독자, 결핵 환자들을 사회로부터 분리하기 위한 정책이 본격적으로 시행된다. 대표적인 것이 한센병 환자였다. 1934년에는 모든 한센병 환자가 소록도로 수용되기 시작하였으며, 1935년에는 한센병 환자의 예방과 박멸을 위해 「조선나예방령」이 발포된다. 같은 해 마약 중독자의 관리 통제가 개시되었고, 「결핵예방령」이 마련되어 각 도에 지방비로 요양소를 설립할 계획을 마련한다. 이런 분위기에 따라 정신장애인에 대한 분리, 수용 요구도 커진다.[7] 당시 유행처럼 퍼졌던 우생학이 이런 사회 분위기에 영향을 미친 것으로 보인다.

이에 따라 조선총독부 위생과는 1937년 정신장애인 관리를 위한 대책을 제시한다. 정신 질환자 감호를 위한 법 제정 노력을 계속 기울이는 동시에 ① 경성제국대학병원 정신 병실 확장 ② 도립병원 정신 병실 설치 ③ 사립병원 혹은 여타 다른 수용 시설을 활용하는 것 등이었다. 이로써 경성제국대학 병원의 정신 병실이 45인 수용에서 약 80인 수용 시설로 확대되었다. 세브란스병원, 청량리 원병원原病院, 중독자 치료소 등의 사설 기관들은 총독부로부터 환자 1인당 일일 보조비 1원 50전씩 지원받고 정신 병자를 수용하였다.[8] 당시 『동아일보』에는 다음과 같은 기사가 있다.[9]

정신 병자가 점점 증가되어 가는 것은 사회적으로 중대한 문제이거

.....
4. 당시는 한센병 환자를 나환자라고 칭함

니와 조선에서는 이에 대하여 특별한 대책과 보호 시설이 아직 없는데 총독부에서는 정신병원을 늘리기 위하여 금년도 예산에 이십육만 원의 경비를 요구하였으나 통과되지 못하였고 오는 연도에는 다시 삼십만 원의 신규 예산을 요구하야 그의 보호 법규 제정에 착수하였다 하나 아직 성안을 얻지 못하였고 무엇보다도 시급한 것은 광조성이 심한 중환자를 수용할 병원 건축인데 그같이 많은 수효의 정신 병자를 가진 조선에서 더욱이 증가되어 현실에서 전문병원 내지 수용보호 기관 하나도 없다는 것은 큰 수치인 동시에 위생 당국은 물론 일반의 관심을 요하는 바이라 한다.

일제 강점기 정신 의료 기관

최초의 정신장애인 수용 시설로 1911년 정신과 진료를 시작한 제생원濟生院을 꼽을 수 있다.[5] 이곳의 입원 기록을 보면 1912년 3월부터 9월까지 수용 관리한 정신장애인이 86명, 연인원 1,107명이었다. 완치되어 나간 정신장애인 수도 12명이라고 한다. 이와 같은 수치는 제생원이 한국 최초의 대규모 정신장애인 수용 시설이었다고 보기에 부족하지 않다.[10]

이후 일제는 정신장애인 치료 감호의 확장을 위해 조선총독부의

.....

5. 1911년 조선총독부는 이필화李必和의 고아원을 인수하고 독자적인 정신병 환자 양호 시설을 마련. 독일, 유럽 각지 정신병원의 본을 뜬 것이라 여겨짐 (이나미·이부영, 「서양정신의학의 도입과 그 변천과정 (1)」 1995년도 서울대학교 대학원에서 통과된 이나미의 박사학위 논문)

원[6]에 정신병과를 신설하고 제생원의 촉탁이었던 미즈츠 신지水津信治를 과장으로 임명한다. 기존 건물 인근에 '8호실'이라고 부르는 정신 병동(東八病棟)[7]을 신축하고 1913년 4월 제생원의 정신장애인을 이곳으로 옮겨 진료를 시작한다.

이 조선총독부의원 8호실은 20개의 병실을 갖춘 목조 단층집으로 35명의 환자를 수용할 수 있었다. 당시 유일한 정신장애인 수용소이자 치료 기관이었다.[11] 당시 조선총독부의원이 전체 병실 22동, 분병실分病室 9동으로 환자 333명을 수용할 수 있었는데, 이 중 정신 병상이 35병상이었으니 전체 입원 환자의 10%를 넘는 규모였다. 1919년과 1927년 두 차례에 걸쳐 정신 병실이 증축되었고 그에 따라 의료 인력이 증가하는 등 조선총독부의원의 정신장애인 관리 사업은 확장되었다.

사실 조선총독부의원의 정신 병상은 현대적 의미에서 병원보다는 수용소에 가까웠다. 치료나 재활을 위한 격리가 아니라 감시와 통제를 위한 격리 조치로 오히려 감옥에 가깝다고 해야 할 듯하다. 조선총독부의원 8호실 환자들은 잘 달아나기로 유명하여 도망 소식이 신문 기사에 종종 실리기도 했다. 당시에도 본인 의사와 관계없이 강제 입원하는 경우가 많았던 것으로 보인다.

1928년에는 정신장애인 관리 사업이 경성제국대학 부속병원에 넘겨지면서 치료 성격에서 교육과 연구를 강조한 기관으로 변화한다.[12]

......

6. 한말의 대한의원이 일제 강점에 따라 조선총독부의원으로 이름과 운영 주체가 바뀜. 1926년 경성제국대학이 설립되면서 경성제국대학 의학부속병원으로 바뀜
7. 보통 '동팔호'라 불림

조선총독부의원 정신 병동인 '동팔병동(동팔호)' 모습. 우리나라 최초의 정신 병동

일제 강점기 월간지 『별건곤』[8] 1932년 1월호에 기자가 동팔호를 직접 탐방하여 쓴 기사가 있다.[9]

우선 8호실은 병원의 북쪽 외떨어진 곳에 울창한 송림을 등지고 있었다. 호젓한 벽돌집이었는데, 문에는 '개방을 금지한다'는 문구가 쓰여 있었다. 당시에는 약 50명의 환자가 수용되어 있었다. 기자가 A씨의 안내에 따라 8호실 앞으로 다가가니 크고 육중한 문이 굳게 닫혀 있었는데, 마치 감방 문을 연상케 했다. 자물쇠로 문을 열고 안으로 들어가자, 환자들은 마침 대청소를 하고 있었다. 핏기 없는 얼굴, 어딘지 모르게 쓸쓸한 구석이 엿보였다. 우선 10여 명의 환자가 눈에 들어왔는데, 조선 사람과 일본 사람이 반반이었다. 병실은 중앙에 마루를 두고 양쪽으

‥‥‥

8. 개벽사에서 1926년 11월 창간한 월간지로 취미와 가벼운 읽을거리를 주요 내용으로 함. 1934년 7월 종간
9. 『근대 장애인사』(정창권, 사우, 2019)에서 재인용. 1933년 11월 『별건곤』에는 세브란스 병원 정신 병동 탐방 기사도 실림

로 칸칸이 나누어져 있었다. 담요를 뒤집어쓰고 누운 부부도 있고, 일어나서 담요를 개고 있는 사람, 걸레질하는 사람도 있었다.

세브란스 의학교에서는 호주 출신 선교 의사宣敎醫師인 맥라렌McLaren이 1913년부터 신경학과 정신 의학을 교육했음에도 1923년 돼서야 비로소 작은 규모의 병동을 갖춘 정신과를 설립하게 된다.[13] 1930년에는 민간 병원 최초로 세브란스 병원에 정신 병동이 생긴다. 기존 전염 병동 뒤쪽에 세워졌는데 처음에는 남자 환자 3명, 여자 환자 3명만 수용할 정도로 규모가 작았다. 규모는 작았으나 분위기는 조선총독부의원보다 좀 더 인도적이었다고 한다. 병실은 쇠창살을 단 폐쇄 병실이었고, 병실 앞에는 폐쇄 계단이 있어 환자들이 밖에 나와 운동을 하기도 했다.[14]

정신 의학의 도입과 정신장애인 연구 현황

서양 의학은 조선조 후기에는 청나라를 통해 간접 방식으로 도입되고 한일 합방 이후는 일본을 통해 본격 이루어진다. 정신 의학은 다른 의학 분야와 마찬가지로 일본 군벌 의사와 서양 선교 의사의 서양 의학 우월주의 풍조와 함께 독일 의학을 모델로 삼았던 일본 의학계 분위기에 따라 일방적으로 이식, 도입되었다.[15]

일본에서는 1888년 동경대학에 처음 정신병학 강좌가 개설되는데, 우리나라에서는 1910년 처음 대한의원에서 정신병학을 강의하게 된다. 일제 강점기 정신 위생학은 일본 본토 정신 의학의 정신을 계승하면서 동시에 식민지 통제의 역할을 충실하게 수행하였다. 당시의 정신 의학자들에게 '정신 병자는 폭력적이고 위험하며 저열한 존재'이기 때문에 사회 위생학상 제거되어야 할 대상으로 인식되었다.[16]

식민지 조선의 정신장애 관련 연구를 주도한 곳은 경성제대 정신신경과였다. 이곳의 일본인 교수와 연구자들은 일본 정신 의학 주류와 마찬가지로 독일의 생물 정신 의학과 우생학의 영향을 많이 받았다. 이들 일본인 교수들의 논문은 일본의 식민지 지배를 정당화하는 방편으로 이용되었다. 정신장애인 연구에서 조선이 처한 식민지라는 사회 문화적 특수성은 반영되지 않는다. 일본인 연구자들의 논문에서 식민 지배 아래 정치적 억압이나 차별, 주변인으로의 나락, 경제적 수탈 등 조선인들의 정신 사회적 고통에 대한 언급은 거의 찾아볼 수 없다. 그들은 식민지 조선의 정치 사회적 상황에 대해서는 무시하거나 부정하였다. 이처럼 편향된 이유는 조선에 있던 제국대학의 일본인 교수와 연구자들이 '식민주의 정신 의학' 또는 '인종 정신 의학'에 기울어져 있음을 시사한다.[17]

논문들은 오히려 조선이 원래 미개하나 식민지 총독부의 정치 아래서 사회 문화가 발전하고 있다는 식으로 기술했는데, 우생학적 관점이 반영되어 식민지 지배를 정당화하는 데 기여했다.[18]

일본인 연구자들은 정신장애인을 위험한 잠재적 범죄인으로 보고 사회로부터 정신병원으로 격리시켜 의학적 치료(약물, 발열 요법, 인슐린 쇼크, 전기 경련, 뇌수술 등)를 하도록 하였다. 일간 신문에 등장하는 정신 병자의 난폭한 범죄 행동과 단종 같은 우생학 이론에 대한 정신과 의사의 계몽 칼럼은 '미개한' 조선인들이 가지고 있던 정신 질환에 대한 기존 낙인을 더욱 악화시켰다.[19]

일본인에 비해 한국인이 정신병 빈도가 낮은 것으로 조사되었는데 이에 대한 설명으로, 조선에서는 정신장애인을 병원에 데려가기보다 가족이나 지역사회에서 돌보는 것이 가능하고, 미신에 의존하는 경우가 많으며 가난하기 때문이라 하였다. 또 조현병과 비교하여 조울정신병이 적

[만평] 일본의 식민주의@『마인드포스트』, 이동수 화백, 2020.4.25

은 것은 조선의 문화 발달이 지연된 것과 관련 있다거나, 근친 결혼을 억제하는 전통적 결혼 풍습 때문이라 추론하기도 하였다.

독일의 생물학적 정신 의학을 계승하는 일본 정신 의학의 연구 경향과 식민지 조선에서 강화된 우생학, 그리고 정신장애인을 정신병원에 격리한다는 조선총독부의 정신 보건 정책은 당시 정신장애에 대한 낙인을 조장하는 데 기여한다. 일본식 정신 의학 연구 전통은 식민 지배 종식 후 일본인 연구자들의 귀환으로 단절되었다.[20]

그러나 한번 낙인찍히면 쉽게 지워지지 않는 특성이 있다. 일제 강점기 정신장애인에 대한 낙인은 지배를 공고히 하려는 식민지

정책과 이를 뒷받침하는 연구자들의 공모에 의해 더욱 강화되었다. 정신장애인을 격리, 수용해야 하는 대상으로 바라봤던 일제 강점기 정신 의학의 기본 관점은 일제가 물러간 다음에도 사라지지 않는다.

일제 강점기 우생학과 정신장애

일제 강점기에 우생학은 중요한 사회 사상 중 하나로 정책, 언론, 지식인 등에 큰 영향을 발휘하였다. 일반 백성들의 일상생활에도 우생학이 영향을 미쳤다.

우생학은 사회 진화론에 바탕을 둔 것으로 강해야 살아남을 수 있고 약자와 소수자는 사회에서 도태되어야 할 존재임을 확인시켜 준다. 우생학은 일제의 식민 지배를 정당화하여 총독부는 우생학 전파를 적극 지원한다. 한센병 환자의 격리 수용, 강제 단종 시술 등도 이에 근거한 억압 정책들이다. 정신장애인, 결핵 환자, 부랑인에 대한 감시와 단속, 격리 정책도 우생학과 무관하지 않다.

식민지 조선에는 1910년대 후반에 '민족개선학' 또는 '인종개선학'이란 이름으로 일본으로부터 우생학이 처음 소개되기 시작하였다. 1920년대 초반에 우생학이란 용어가 대중 매체에 등장했으며 1920년대 중반 이후엔 유전학과 함께 일반인에게 널리 알려진다.[21] 언론에서 정신 질환의 문제를 우생학과 관련하여 언급하는 빈도도 증가한다.

단조롭던 정신장애인 관련 신문 소재가 1920년대 중후반, 정신병의 원인과 치료법에 대한 여러 의견이 소개되면서 다양해졌다. 그 중 주목할 만한 것이 1930년 전후 신문에 기재되기 시작한 '정신위생'이라는 용어와 전통적 정신 병인론과 확연하게 달라진 '우생학적 원인론'이었다.[22]

이 두 가지 소재는 '사회 위생'이라는 패러다임 아래 서로 긴밀한 관계를 맺으며 정신장애에 대한 새로운 지식과 접근을 양산해냈다. 일제는 사회 위생학적 견지에서 한 국가와 사회의 흥망성쇠는 그 국가와 사회를 구성한 민족의 양과 질에 따라 결정된다고 보고, 국민의 양은 환경 개선을 통해 증가시키며, 질은 정신 위생 활동을 통해 확보하고자 하였다.[23]

정신병의 원인과 예방책에 대한 시대 인식은 경성의전 출신인 양봉근[10]이 총 8회에 걸쳐 『동아일보』에 기재한 칼럼 내용으로 좀 더 자세히 살펴볼 수 있다.[24]

양봉근이 생각한 예방법은 ① 정신 병자와의 결혼을 방지하여 체질의 유전을 최소화 ② 아동 양육에 주의하여 신체적, 정신적으로 완전한 발육을 도모 ③ 선천적으로 결함이 있는 아동의 특별 보호 ④ 특이 소질의 아동은 전문 의사가 진찰 지도 ⑤ 아동의 취향에 적합한 교육 제공 ⑥ 무절제한 성생활 금지 및 조혼과 만혼 지양

·····

10. 楊奉根, 1895-1990, 의사이며 독립운동가. 부산 출생으로 1918년 경성의학전문학교에 진학, 재학 중이던 1919년에 3·1운동 독립 만세 시위에 적극 참가. 1921년에는 우리 민족을 멸시하는 발언을 한 생물학 교수 퇴진을 요구하며 전교생 자퇴서를 제출하는 등 학원 투쟁에 앞장섬. 결국 졸업 3개월을 앞두고 퇴학당하였으나 자력으로 의사 면허를 따 울산에서 개원하고 이후 신간회 활동에 참여. 1931년 신간회 해체 이후 일본 경찰의 감시를 피해 서울, 함경북도 회령군 등을 거쳐 중국 장춘長春으로 망명하였고 해방 후에도 중국에 머물다 1990년에 사망

⑦ 정신 병자 격리 치료 등이었다. 정신 병자 격리 치료가 예방법에 포함된 이유는 이들의 행위가 욕설, 폭행, 살인, 자살 등 불결하고 몰염치하며 반사회적인 동시에 비사회적이기 때문이다. 정신장애인을 보통 사람들과 함께 두는 것은 큰 해독을 끼치므로 사회 위생 관점에서 제거해야 하는 존재기 때문이라고 보았다.[25]

1930년대는 우생학 운동이 더욱 확산되어 '조선우생협회'[11]가 설립되고 기관지 『우생』이 발행된다. 우생학에 대한 강연회를 여는 등 우생 계몽 운동이 본격화한 시기이다.[26]

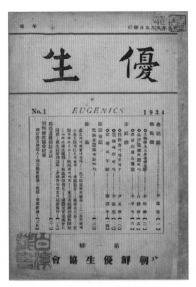

조선우생협회 기관지 『우생』 창간호, 1934.9

정신장애인을 배제하는 사회 분위기는 시간이 지나면서 더욱 강해졌다. 당시 관련자들이 생각한 정신병의 유전적 소인이 후세대로 전달되지 않게 할 첫 번째 방책은 청춘 남녀가 결혼할 때 배우자가 될 상대방의 선조 대까지 정신장애인 유무를 확인하는 것이었다. 이를 '위생학적 조사' 혹은 '유전 조사'라고 지칭하였다. 이 유전 조사를 하지 않고 결혼하는 것은 매우 위험

......

11. 조선우생협회는 윤치호, 여운형, 이광수 등 총 85명이 발기하여 1933년 9월 14일 창립. 이 회의 목적은 '후생의 육체와 정신을 우생학적으로 개량하여 사회의 행복을 증진케 함'이라고 밝힘. 강연회, 토론회, 좌담회 개최, 간행물 발간, 상담 등을 진행하며 1937년까지 활발히 활동. 1946년 '한국민족우생협회'로 개칭하고 우생법의 입법화에 주력

한 행동으로 보았다.[27]

당시 논의되던 정신위생법으로는 강한 감정 자극에 노출 자제, 마음의 평정 유지, 충분한 수면과 잦은 목욕, 음식물 섭생 주의 등이 있었다. 신문은 불치병을 앓고 있는 정신장애인 수가 점차 증가하는 현 상황은 인류에게 매우 큰 위험을 주는 것으로, 정상인을 멸망시키리라는 전망과 함께 정신장애인을 죽이거나 혹은 단종 수술을 시행해야 한다는 해외 전문가들의 주장을 소개하기도 하였다.[28]

당시 신문의 논조는 정신장애인을 비롯한 각종 장애인을 국가와 사회 발전을 저해하는 존재로 간주하였다. 장애에 대한 부정적 인식을 심화시키고 장애인을 사회에서 배제하려는 분위기에 우생학이 과학 근거를 제공했던 셈이다. 1935년에 이르면 '단종법斷種法'이 지면에 언급된다.[29]

정신병과 같이 국민의 질을 저하하는 악질의 유전 소질을 후세에 남기는 것은 가족이나 사회에 커다란 문제를 낳으므로 민족 위생과 사회 방위 그리고 범죄 방지를 위해 '단종법'을 실시해야 한다고 신문은 주장하였다. 그리고 일본 본토에서도 단종법 실현을 위해 각종 단체가 노력하고 있는데, 그 과정에서 생겨나는 여러 논의를 민중에게 알리는 것만으로도 큰 수확이 있다고 보았다.[30]

경성제국대학 의사 김사일金思馹과 세브란스 신경과 의사 이중철李重澈은 위와 같은 의견에 힘을 싣는 글을 게재하였다. 그 논고에 단종법의 취지, 서구의 단종 사례 그리고 일본에서 제정하고자 하는 단종법의 상세 내용을 전하고 있다. 그리고 단종법은 정신이 박약하고 지능이 저열하여 본능의 지배만 받아 스스로 생산을 제한할 줄 모르는 정신장애인을 주 대상으로 삼고 있으며, 이들에게 단종수술을 실시하는 것은 국가와 사회 그리고 민족 발전을 위한 희생으로 감수해야만 한다고 주장하였다.

김사일은 1938년 『동아일보』에 「우생학상으로 본 단종법이란 어떤 것」 제목의 글을 기고한다. 정신장애인을 대상으로 한 단종 정책을 옹호하는 내용으로 채워졌다.[31]

대개 한 국가나 사회의 흥망성쇠가 그 국가나 사회를 구성한 민족의 질과 양에 따라서 결정될 것은 명백한 사실입니다. 그 중에서도 특히 이 질적 요소는 그 민족의 운명을 지배한다 해도 과언이 아닐 것입니다. 그러므로 국민의 수가 아무리 많다 하여도 질적으로 저열하다면 국가나 사회의 발전을 기대하기는 어려울 것입니다. 따라서 국민의 질적 저하를 일으키는 모든 원인을 예방한다는 것은 국책 상으로든 또는 사회 위생상으로든 가장 중요한 문제일 것입니다. 그런데 최근 위생국에서 조사한 것을 보면 국민의 질적 저하의 중대 원인이 되는 정신 병자의 수효가 해마다 놀랄 만치 증가하는 경향을 보이고 있습니다. 즉 소화 원년에는 인구 일만에 대해서 정신 병자의 수효가 아홉 사람 평균밖에 되지 않던 것이 소화 12년에는 열두 사람 평균으로 증가되었습니다. 그리고 현재의 정신 병자 총수는 약 8만여 명으로 헤아려집니다. 그러고 보면 십 년 전의 정신 병자 6만 명에 비하야 약 2만 명이 증가한 셈입니다. 이와 같이 늘어간다면 머지않은 장래에 정신 병자의 수효는 정말로 놀랄 만한 숫자에 이르리라고 생각합니다. 더군다나 문화 정도가 향미되고 사회 정세가 복잡하게 됨을 따라서 우수한 사회층에서는 만혼

하는 경향이 농후하고 또 의식적으로 산 아 제한을 하는 경우가 많아지는 반면에 이들 정신 병자는 박약하고 지능이 저열해서 다만 본능의 지배만을 받기 때문에 스스로 생산을 제한할 줄 모르므로 만일 이대로 방임한다면 결국은 이들 변질자로 말미암아 건전한 민족의 소질은 도태되고 말 것입니다. 그러므로 국가의 권능으로 종족의 우수한 소질을 보호하고 악질의 유전을 방지하자는 것이 즉 단종법의 취지입니다. 이 단종이라는 것은 지금에 한 새로운 유행어처럼 되었지만 실상 옛날부터 여러 가지 의미의 단종이 있었던 것입니다.

『동아일보』 1938.6.27

일제 강점기 지식인들은 신문에 정신장애인의 위험성을 계속 알리면서 정신 위생 활동을 펼쳤다. 이들은 민족 번영을 위해 악질의 유전적 소인을 지닌 정신장애인을 제거하는 것이 곧 시대 요청이라 인식한다. 그리고 양봉근, 김사일, 이중철 등 다양한 의료 전문가의 발언이 이에 정당성과 합법성을 부여하였을 것으로 보인다.[32]

일제 강점기 조선에서 우생학이 가장 강력하게 적용된 대상은 한센병 환자였다. 정신장애인보다도 더욱 강력한 통제 장치들이 적용되었다. 민족정화라는 국가적 목표에 따라 1920년「근본적나예방요항根本的癩豫防要項」이 발표되면서 '방랑하던 한센인' 격리에서 '모든 환자'를 격리하는 정책으로 전환하였다. 1930년 12월에는 일본 내무성 위생국에서『나병근절책癩の根絶策』을 발간하는데, 이후에는 이에 근거하여 일본과 식민지의 한센병 정책이 시행된다.[33]

일본이 국제 흐름과 달리 한센인 격리를 고수했던 이유는, 1926년 열린 '국제나회의'에서 식민지를 포함하여 일본 한센인이 10만 명이 넘는다고 보고되었기 때문이다. 이 회의에 참가했던 미쓰다 겐스케는 '야만적이고 미개한 원주민에게 만연한 한센병'이 '순결한 혈통인 일본인'에게 많다고 보고된 사실은 다른 서양국가에 비해 굴욕적이라고 개탄하며 한센인 절대 격리를 주장했다.[34]

1932년 12월 10일『경성일보』의「인구문제와 우생학」에서는 인구의 질 문제를 강조하며 "적극적 방침을 세워 이 중요한 현안을 만족스럽게 해결하기 위해 관과 민간 할 것 없이 노력을 기울여야 한다"고 언급한다. '열등한 인간 소탕'에 민간의 참여가 절실함을 호소하는 내용이었다. 이처럼 한센인 이미지는 주로 미디어를 통해 이루어졌다. 당시 신문들은 갱생원 밖 한센인들에 대해 미개, 잔인, 위협, 각종 범죄, 부랑 등의 수식어를 붙여 비인간적 존재로 취급했다. 이런 기사에 주민들이 호응하여 한센인을 자신들의 공간에서 추방해달라고 스스로 요청하게 된다.[35]

우생 운동은 총력전 체제를 앞두고 일제 우생 담론에 포섭된 현실 순응적 상류층을 중심으로 이루어졌다. 우생 운동에 참여했던 인사들 특히 의사들 대부분은 해방 후 한국 보건 의료 분야에서 중요한 역할을 수행함으로써 이들의 우생학적 지향은 해방 이후에도 한국 보건 의료 부문에서 지속적인 영향을 미쳤다.[36]

일본 본토에서도 국민의 체위와 체력 향상을 요구하는 육군의 주장이 반영되어 1938년 후생성이 설치된다. 후생성 예방국 우생과의 주요 업무는 민족 우생, 정신병, 알코올 중독, 만성병, 성병, 한센병 등의 체계적 관리였다.[37] 일본에서 1940년 우생학 관점에 입각한 '국민우생법'이 제정되었는데 이에 따라 정신장애인의 강제 불임 시술을 시행하기도 하였다.

전쟁 중에는 식량 배급 통제로 일반인보다 더 많은 정신장애인이 희생당하기도 하였다.[38] 국민우생법 제정 직후 식민지 조선에서도 우생법 제정이 추진되었으나 이루어지지는 않는다. 그러나 우생 광풍이 지나간 후에도 국민우생법을 제정하려는 시도는 계속되었다.

전후에도 일본에서 우생학 영향력은 줄어들지 않는다. 1948년 제정된 '우생학보호법'은 1996년까지 시행되었으며 이후 '출산보호법'으로 바뀌었다. 이 법에 따라 많은 여성이 불임 수술을 받거나 임신을 하지 못하도록 방사선 치료를 받아야 했다.[39] 희생자 상당수는 신체적으로나 인지적으로 장애가 있는 사람들이며, 정신 질환 및 한센병을 앓고 있는 사람도 포함되어 있었고, 단순히 행동에 문제가 있는 여성도 있었다. 8천 명이 넘는 장애인들이 불임 수술을 받도록 압력을 받아 강제적으로 동의할 수밖에 없었고, 약 6만 명의 여성이 정신 질환이 있다는 이유로 낙태 수술을 한 것으로 드러났다.

이 법의 희생자들은 국가 상대로 소송을 내어 정부의 사과와 보상을 받아낼 수 있게 되었다. 아베 총리는 사과문을 발표하고, 장애인에 대한 차별을 근절하는 사회를 만들 수 있도록 모든 노력을 다할 것이라고도 언급했다. "우생학보호법이 실행되는 동안, 이 법에 따라 희생당한 많은 사람이 장애와 만성질환으로 인하여 자녀를 가질 수 없도록 하는 수술이 자행되었으며, 이런 조치들이 그들을 고통스럽게 했다. 정부가 이 법을 시행하고 나서, 깊이 반성하게 되었으며, 마음속 깊은 곳으로부터 진심으로 사죄드리고 싶다."[40]

우생학에 근거한 다양한 정책들은 미국, 유럽 등 선진국에서도 당연한 듯이 시행되었다. 가장 핵심적인 프로그램은 정신장애인의 재생산을 억제하는 단종법이었다. 강제 시술에 따라 재생산 과정을 차단하거나 결혼 자체를 금지하기도 하였다. 미국에서 가장 먼저 단종법이 합법화되었고 독일에서는 나치에 의해 단종 시술뿐만 아니라 직접적인 제거를 목표로 한 안락사 프로그램을 진행하기도 하였다.

전 세계에서 처음으로 우생학 프로그램을 합법화한 미국은 정신장애인의 결혼 금지뿐 아니라 자녀의 출산을 예방하고자 강제 불임까지 허용했다. 미국의 우생학 법률 중 가장 악명 높은 것은 무엇보다 단종법이다. 주마다 차이는 있었지만, 정신장애인을 비롯한 장애인, 유전성 질환자, 성범죄자와 성매매 여성, 강력범죄자, 알코올중독자, 부랑인, 심지어 어떤 주는 흑인과 아메리카 선주민들까지도 그 대상이었다.[41]

단종법의 첫 희생자인 Carrie Buck과 어머니 Emma Buck

　미국에서 약 30개 주가 단종법을 채택했는데[12] 우생학적 결함이 있다고 판단된 6만 명 이상이 불임 수술을 당했다. '벅 대 벨Buck v. Bell' 사건이 계기가 되었다. 버지니아 출신 1906년생인 백인 여성 캐리 벅Carrie Buck은 17세에 강간을 당해 원치 않는 임신을 하고 딸인 비비안을 출산했다.

　의사들은 캐리에게 '간질 발작'과 '정신박약' 진단을 내렸고, 캐리는 정신 이상자 수용 시설로 보내졌다. 이후 캐리가 수용소를 나가려 하자 버지니아 주는 1924년 불임시술법을 근거로 강제 불임 시술을 시행하려 했다. 결국 1927년 '벅 대 벨' 사건이 미국 대법원까지 올라갔다. 재판에서는 8대 1로 캐리에 대한 강제 불임 시술이 헌

.....

12. 1907년 인디애나 주가 정신장애인과 범죄자 등에게 강제로 불임 수술을 할 수 있는 단종법을 최초로 제정 .미국에서 단종법은 1974년이 되어서야 완전히 폐지

법에 위배되지 않는다는 판결이 나온다.

당시 판결문에 다음과 같이 나온다. "퇴폐한 자손이 범죄를 저질러 사형되거나, 아니면 그들의 저능으로 인해 굶어 죽을 때까지 기다리는 대신, 차라리 사회에 적합하지 않은 이들의 출산을 막는 것이 온 세상을 위해 더 낫다. 강제 예방접종 시행 논리는 나팔관 절제에도 충분히 확대 적용할 수 있다. 저능아는 삼대로 충분하다."[13] 사회는 여전히 정신장애인이 결혼하여 자녀를 가지는 것에 암묵적으로 압박을 가하고 있었다. 특히 유전학적 가설에 기반한 논리는 정신장애인을 사회에서 거세하고 심리적으로도 거세한다.[42]

독일의 나치는 정권을 잡은 직후인 1933년 7월 14일 「유전적 결함을 지닌 자손의 예방을 위한 법률Law for the Prevention of Genetically Defective Progeny」을 시행에 옮겼다. 그 법률은 "유전병을 앓고 있는 사람이 갖게 될 어떤 아이가 상당히 심각한 신체적 또는 정신적 결함을 지닐 가능성이 매우 높음이 과학적인 의료 경험으로 입증된 경우라면, 그와 같은 모든 사람은 외과 수술로 자식을 갖지 못하도록 만들 수 있다."고 명시하고 있다.

이에 따라 나치는 1939년 9월 1일까지 약 37만여 명에게 단종 수술을 시행하였다. 선천성 정신박약(52.9%), 조현병(25.4%), 조울증(3.2%) 분포였다. 나치 체제에서 단종 수술을 받은 사람은 전체 인구의 5%에 달했다고 한다.

......
13. 당시 그녀의 어머니 엠마Emma Buck 또한 정신 이상자 수용소에 수감 중

독일 나치 시대 우생학 선전 자료

1935년 9월 공표된 혼인보건법Marriage Health Law은 배우자 중 어느 한쪽이라도 유전성 질환, 정신 착란, 혹은 결핵이나 성병과 같은 전염성 질환을 가진 경우 아예 결혼을 금지했다. 이미 단종 수술을 받았어도 결혼이 금지되었다. 장애인이 태어나는 것을 원천적으로 막으려 했던 나치 독일은 여기서 멈추지 않고 안락사라는 이름으로 장애인 집단 학살을 자행했다.

장애인에 대한 안락사 프로그램은 1939년 9월부터 시작되었다. 이 안락사 조치는 제2차 세계대전의 발발과 맞물려 있는데, 전쟁 수행에 필요한 자원의 고갈을 막는다는 경제적 동기도 작용했다.[14] 성인 장애인 대상의 T-4 프로그램[15]에 따르면 안락사 대상으로 선정

.....

14. 나치 체제에서 이루어진 70,273회의 '살균'이 독일 제국의 예산 855,439,980마르크를 절감해 주고, 독일 전체에서 12,492,440kg의 고기와 소시지의 낭비를 막아주었다는 통계도 산출됨
15. 히틀러가 1939년 9월 한 극비 문서에 서명하면서 시작된 T-4 프로그램은 장애인과 정신 질환자 등에 대한

되면 안락사 센터로 실어가 샤워실로 위장된 가스실에서 일산화탄소 가스를 마시게 했다.

장애인을 학살하기 위해 고안된 가스실은 이후 유대인 강제 수용소에서 자행된 홀로코스트에서도 똑같이 사용되었다. 1941년 8월 T-4 프로그램이 종료되기까지 최소한 7만여 명이 희생되었다. 이후에도 안락사는 독일 전역과 점령지에서 광범위하게 이루어졌다. 그뿐만 아니라 T-4 프로그램 개시 전부터 장애 아동들에 대한 안락사는 '특수 아동 병동'으로 위장된 전국 28곳의 살인 센터에서 주사, 약물 과다 투여, 아사 등의 방법으로 종전 때까지 계속되었다.

독일에서 나치에 의해 조현병 환자 22만-27만여 명이 희생된 것으로 추정한다. 나치의 만행은 정신 의학 역사상 가장 대규모의 범죄 행위였다. 유전학적 가설이 옳다면 독일에서 조현병이 거의 사라졌어야 할 정도다. 그러나 시간이 지나면서 독일의 조현병 발병률은 다시 증가하였다. 대량 학살로도 조현병 발병률에 영향을 미치지 못했다는 반증이다.[43]

일제 강점기 부랑인 정책

정신장애인 수난사를 얘기하려면 역사 속에서 부랑인으로 취급되었던 인구 집단에 대한 이해가 필요하다. 부랑인이라는 범주 안에는 항상 정신장애인도 어느 정도 포함되었다. 그래서 부랑인 시

집단 살인 명령이었음

설에는 정신장애인이 다수 수용되어 있게 마련이다. 부랑 또는 노숙이라는 생활 방식 자체가 정신 건강에 나쁜 영향을 미치기도 한다. 미국의 경우 탈시설화 이후 정신장애인들이 지역사회에서 자리 잡지 못하고 상당수가 홈리스로 전락하고 범죄와 연관되어 교도소로 가는 경우도 많다.

부랑인이라는 인구 집단의 범주는 굉장히 광범위하다. 단순히 거주지가 없거나 일정치 않은 집단을 넘어 때로는 사회 주변인들을 포괄하여 지칭하기도 하였다. 아동만을 의미하는 부랑아를 따로 떼어내서 다루기도 한다. 부랑인은 현대적 의미의 노숙인 또는 홈리스와도 의미가 다르다. 용어 자체는 일제 강점기에 일본에서 유입되었다. 조선총독부는 부랑인 대상으로 별도의 지침, 정책을 만들고 집행하는데 기본적으로 식민지 지배 정책의 일환으로 작동하였다.

부랑인은 많은 사회에서 관리와 단속의 대상이 되었다. 격리와 수용도 흔하게 일어난다. 서양에서도 중세에 한센병 환자를 격리 수용하던 수용소에서 환자가 감소하자 그 공간을 부랑인으로 대표되는 사회 주변층으로 채우기 시작한다. 부랑인을 대하는 시선과 정책 기조는 정신장애인에게도 그대로 적용된다. 이는 시대를 관통하여 작동하는 하나의 흐름을 형성하고 있었다. 그래서 부랑인 정책에 대한 이해는 정신장애인의 현실을 파악하는 데 중요한 작업의 하나이기도 하다.

우리나라에서 1997년 외환 위기 이후 본격적으로 언급되기 시작한 노숙인도 연속선에 있다. 최근에는 부랑인과 노숙인의 구분이 모호하여 법률로는 노숙인이라는 용어로 통일되었다. 부랑인이라는 용어가 노숙인으로 대체되어 가는 중에도 부랑인 시설은 노숙인 시설과는 다른 의미로 여전히 존재한다.[16]

우리나라에서 부랑인을 집단화해서 정책 대상으로 삼은 것은 일제 강점기가 처음이다. 거리를 배회하는 부랑인들은 우선 위생경찰의 단속 대상이 되었다.[44] 일제는 당시 농촌 붕괴 과정에서 출현한 도시 부랑인을 단지 전통적 공동체로부터 방출된 피해 집단이 아니라 일하지 않고 사회에 기생하면서 먹고 살려는 집단으로 여겼다.[45]

일제 강점기 부랑인 정책은 식민지 정책 일환으로 집행되었는데 이는 배제와 억압을 기본으로 하였다. 부랑인을 불순 세력 또는 우생학적으로 배제되어야 할 존재 정도로 인식하고 있었으므로 이들을 교화해서 사회로 복귀시키기 위한 정책은 처음부터 기대하기 어려웠다. 이러한 정책 기조는 해방 후 군사 정부에서도 바뀌지 않고 계속된다. 억압적이고 폭력적인 부랑인 통제 방식의 폭압성은 1970-80년대에 절정에 이른다.

조선총독부는 초기부터 부랑인에 대한 구호 정책 대신 경찰의 단속 위주 정책으로 대응했다. 1912년 3월 25일 총독부령으로 발포된 「경찰범처벌규칙」이 대표적인 제도다. 이 규칙은 "행려병자나 정신장애인, 기아, 미아, 일정한 주거 또는 생업 없이 배회하는 자 등 거리를 부랑하면서 사회 질서를 크게 해치는 자를 30일 미만의 구류나 30원 미만의 과료에 처하도록 했다."[46]

실제 1912년 9월 동대문 경찰서는 "주소도 분명치 않고 일정한 직업 없이 각 방면으로 배회하면서 편편히 놀고먹으며 빈들빈들 돌아다니는 것이 관내 풍기를 문란케 한다"는 근거로 구류 처분을 하였다는 보도가 있다. 대개 일정한 직업 없이 학문도 게을리 하고, 사업에 대한 의지도 없는 상류층 자제들을 겨냥하였다. 구 지배 계층에 대한 반감을 불러일으키기 위한 전략의 일환이었다.

1920년대 중반 이후 식민지 조선에서 이농 현상이 본격화되면서 도시로 흘러들어온 사람들이 하천, 제방, 역전 등에서 생활하는 토막민으로 전락하면서 노숙과 결식이 실질적인 사회 문제로 대두되었다.[47] 부랑인 범주가 처음엔 도박, 성매매 등 '도덕적으로 타락한 자'에서 1920년대 중반 이후엔 걸식자, 유랑 아동, 빈민으로 바뀐다.[48]

일제가 식민지 조선에 부랑인 정책을 이식하면서 일본 본토와는 전혀 다른 법 집행 관행을 도입한다. 당시 일본 형사소송의 특징은 수사 절차상의 강제 처분권이 예심 판사에게 집중되어 수사 기관인 검찰이나 사법 경찰관에게는 현행범 등 아주 특별하게만 독자적 강제 수사권이 인정되었다.

그러나 조선에서는 일본에서 정한 최소한의 원칙이 적용되지 않았다. 법관에 의한 강제 수사권 통제라는 근대 형사소송법의 대원칙을 철저하게 배제하고, 경범죄 사건에 대해서는 검사의 공소 제기와 법원의 재판을 기다리지 않고 경찰이 바로 즉결 처분할 수 있도록 했다. 이처럼 일제 강점기 초반의 부랑인 단속은 강압적 식민 통치를 위한 제재 수단이었지만, 제재의 방식 중 가장 가혹한 것이 구류 또는 과료 정도였고, 그 목적도 사회 전반의 치안 확보에 초점

이 맞춰져 있었다.[49]

1916년에 도시 지역만을 대상으로 수행된 '걸식 및 부랑자 취체取締에 관한 조사'를 통해 당시 부랑인 실태의 단면을 볼 수 있다. 부랑인에 대한 단속과 통제를 목적으로 한 제한된 조사였는데, 조선의 걸식자는 총 10,554명이며 이 중 부랑인을 4,803명으로 보고하고 있다. 그러나 1927년부터 1934년에 걸쳐 수행된 조사에서는 조선의 걸식 및 부랑인 수가 매해 5만 명을 넘어서는 것으로 파악됐다. 항상 거리에서 배회하는 부랑인들만을 조사한 것이어서 춘궁기나 재해 때 발생하는 일시적 부랑인 수를 포함하면 규모가 더 클 것으로 추측된다.[50]

일제 강점 말기 전국에 6개의 부랑인 수용 시설을 계획하는데 이 가운데 인천조선인자선회(1923년), 청주걸인수용소(1937년), 광주목포걸인보호원(1937년)은 실제 건립되어 운영되었다.[51]

일제 강점 후반기에 들어 수탈이 더욱 심해지면서 사회 통제가 강화되었다. 부랑인에 대한 감시와 단속이 심해지는데 부랑인 중에서 '부랑아'라고 해서 불량소년들이 대상이었다. 신문에는 부랑아의 해악을 폭로하는 기사가 끊임없이 실렸다. 부랑아는 단지 경제적 빈곤 때문에 출현한 것이 아니고, 부랑아 자신이 애초에 가진 '불량성'과 그 '불량성'의 전파가 문제라고 여겨졌다.

"불량소년의 절대 다수는 일상 종유從遊하는 그 동료 중 불량자의 감언이설적 유인" 때문이며 "1인의 불량소년을 그대로 방임한다면 그 수는 기하급수적으로 격증하야 필경 그 사회는 불량군不良群으로 충만"하게 될 것이라는 언설이 쏟아져 나왔다.[52]

양봉근은 1930년 『동아일보』에 기고한 글에서 불량 소년소녀를 정신병과 연관지어 얘기하고 있다.[53]

불량 소년소녀라든지 범죄자를 정신병학상으로 검찰하여 보면 대부분이 정신 병자이든지 또는 장차 정신병에 이를 소질을 가지고 있게 됩니다. 그런고로 문명하고 돈 있다는 나라에서는 이러한 불량 소년소녀를 감화시켜 좋은 길로 인도하려는 감화원이라든지 소년심판소라든지 소년원이라든지 하는 기관까지 설치하고 있습니다. 그러나 이 소위 물질문명을 그냥 두고 이러한 시설로써만 방비하려는 것은 어려운 일입니다. 요컨대 우리는 정신병의 중대한 원인을 사회적으로 노구하야 보자는 뜻이올시다.

정신장애인, 한센병 환자, 부랑인들을 사회에서 배제해야 할 위험한 존재로 보고 이를 정당화하기 위해 혐오와 낙인의 기제를 동원할 필요가 있었다. 일제 총독부는 이를 위해 당시 거의 유일한 언론 매체인 신문을 이용했다. 신문들은 계속 위험성을 보도하여 조선인의 의식 속에 자리 잡도록 하는 데 크게 기여한다.

그리고, 결국 부랑인 단속이 단순한 과료나 구류 처분을 넘어 장기적인 시설 수용과 교화 정책을 도입해야 한다고 주장한다. 이런 배경에서 최초의 부랑아 강제 수용소인 '감화원感化院'이 탄생하였다. 거리의 부랑아를 단속해 감화원이라는 시설에 강제 수용할 수 있도록 한 근거 법령이었던 「조선감화령」(1923)을 보면 단지 아래와 같은 이유로 감화원에 입원할 수 있다고 명시되었다.[54]

1. 연령 8세 이상 18세 미만의 자로 불량 행위를 하거나 불량 행동을 할 우려가 있고 적당한 친권을 행사하는 자가 없는 자

2. 18세 미만의 자로 친권자 또는 후견인이 입원을 출원한 자

3. 재판소의 허가를 거쳐 징계장에 들어갈 자

이런 입장은 더욱 강해지고 일제는 그동안 부랑인을 지역 수준에서 단속하던 데서 벗어나 선감학원과 같은 감화원을 설치해 강제 수용하는 방향으로 나아간다.[55]

일본이 제2차 세계대전에 돌입하면서 식민지 조선에서 부랑인 통제가 강화된다. 신문이 일조를 하는데 한 신문은 부랑인을 '번영하는 경성의 암'이라고 까지 표현한다.[56] 전시 상황에 인적 자원 확보 차원에서 거리의 부랑인과 청소년을 감시 통제해야 했던 일제는 이미 있던 감화원 규정에 따라 부랑아 수용소를 본격적으로 만들기 시작한다. 그렇게 해서 1938년 목포학원, 1942년 백세숙, 1942년 선감학원이 차례로 세워진다.

선감학원 사례가 알려지면서 많은 사람이 분노했다. 1942년 조선총독부는 경기도 사회사업협회를 내세워 안산 선감도 전체를 사들이고 주민을 몰아낸 후 선감학원을 설립한다. 이곳에 수용된 아동들은 20만 평에 달하는 농지에서 강제 노동에 시달려야 했으며, '대동아전쟁의 전사로 일사순국—死殉國할 인적 자원'을 만들겠다는 미명 아래 탄광에 끌려가기도 했다.[57] 완전히 고립된 섬에서 아이들은 매질 당하고 달아나려다 숨지기도 한다. 실제로 얼마나 많은 아이가 징발됐는지는 확인되지 않는다.[58]

선감학원에서 어린이들이 교육받고 있는 모습, 1942년

　당시 선감학원을 직접 방문했던 한 신문 기자는 원생들의 생활을 미화하는 글을 쓰면서 원생 193명 중 9명이 도망쳐 184명이 남았고, 도망친 원생 중 2명은 바다에 빠져 숨졌음을 정확히 밝히기도 했다. 탈출을 시도하다 구타로 죽은 경우, 영양실조로 죽은 경우, 굶주림을 참지 못해 초근목피를 씹다가 독버섯 류를 잘못 먹어 죽는 경우 등 수많은 희생이 있었고, 이들은 섬 구석 야산에 암매장되었다.

　이렇게 끔찍한 일들이 빈발함에도 감화원 운영은 오로지 '전쟁 동원'에만 매달려, 훈련된 소년을 탄광이나 금속 제작소 등에 취업이란 이름으로 강제 동원했다.[59]

선감학원은 해방 후인 1946년 2월 경기도에서 인수하여 1982년 폐쇄할 때까지 계속 부랑아 수용 시설로 이용되었다. 경찰은 부랑아가 아닌, 단지 길을 잃고 헤매던 아이들까지 마구잡이로 잡아 선감학원에 넘겨 중노동과 폭력에 시달리도록 했다.[17]

부랑인을 바라보는 사회의 시각은 해방 후에도 달라지지 않았다. 한국 전쟁의 혼란, 군사 독재 정부 그리고 민간 정부가 들어선 이후에도 부랑인은 사회 잠재 위험 요인으로 간주되어 항상 감시와 단속의 대상이 되었다.

.....

17. 1964년 당시 427명 중 3분의 2가 부모나 연고자 있는 소년들이었다고 함. 경찰과 당국이 연고자 있는지를 성의 있게 확인하지 않고 수용소에 인계. 단속 기간에 맹목적으로 건수만 올리기 위해 혈안이 된 나머지 연고자 있는 선량한 아이들을 수용소로 넘겼다고 함. 한 예로 서울 성북구가 집인 지모 군은 전국체육대회 때 인천으로 구경 왔다가 동인천 역에서 경찰에 붙들려 선감학원으로 넘겨짐. 1964년에만 103명 넘는 아이들이 섬으로부터 탈출을 기도했다고 함(『경향신문』 1964.10.26)

1. 강혜민, 「근대 일본의 '정신병자'는 어떻게 다뤄졌을까」, 『비마이너』 2014.11.24

2. 「정신의료 이동 박물관 전시 프로젝트」, 『사택감치와 일본의 정신의료사』 2014.11.12-14, 서울

3. 이방현, 「식민지 조선에서의 정신병자에 대한 근대적 접근」, 『의사학』 제22권 제2호(통권 제44호), 2013.8

4. 이방현, 같은 2013년 글

5. 이방현, 같은 2013년 글

6. 이방현, 같은 2013년 글

7. 이방현, 같은 2013년 글

8. 이방현, 같은 2013년 글

9. 『동아일보』 1937.6.5

10. 이방현, 같은 2013년 글

11. 정창권, 『근대 장애인사』, 사우, 2019

12. 이방현, 같은 2013년 글

13. 이나미·이부영, 「서양정신의학의 도입과 그 변천과정 (1)」, 1995년도 서울대학교 대학원에서 통과된 이나미의 박사학위 논문

14. 정창권, 『근대 장애인사』, 사우, 2019

15. 이나미·이부영, 같은 1995년 글

16. 임지연, 「1960-70년대 한국 정신의학 담론 연구-정신위생학에서 현대 정신의학으로」, 『의사학』 제26권 제2호(통건 제56호), 2017.8

17. 민성길, 이창호, 이규박, 「일제시대 조선총독부의원과 경성제대의 정신의학자들의 연구」, *J Korean Neuropsychiatr Assoc* 2015; 54(2): 142-171

18. 민성길, 이창호, 이규박, 같은 2015년 글

19. 민성길, 이창호, 이규박, 같은 2015년 글

20. 민성길, 이창호, 이규박, 같은 2015년 글

21. 정창권, 『근대 장애인사』, 사우, 2019

22. 이방현, 같은 2013년 글

23. 이방현, 같은 2013년 글

24. 이방현, 같은 2013년 글

25. 이방현, 같은 2013년 글

26. 정창권, 『근대 장애인사』, 사우, 2019

27. 이방현, 같은 2013년 글

28. 이방현, 같은 2013년 글

29. 이방현, 같은 2013년 글

30. 이방현, 같은 2013년 글

31. 김사일, 「우생학상으로 본 단종법, 단종법이란 어떤 것(中)」, 『동아일보』 1938.6.29 (이행선, 「일제말·해방공간 우생학과 소년수(少年囚)를 통해 본 '착한/불량국가'」, 『동아시아문화연구』 제53집, 329-367, 2013년 5월에서 재인용)

32. 이방현, 같은 2013년 글

33. 서기재, 「한센병을 둘러싼 제국의학의 근대사–일본어 미디어를 통해 본 대중관리 전략」, 『의사학』 제26권 제3호(통권 제57호), 2017.12

34. 서기재, 같은 2017년 글

35. 서기재, 같은 2017년 글

36. 신영전, 「식민지 조선에서 우생운동의 전개와 성격 : 1930년대 『우생(優生)』을 중심으로」, 『의사학』 제15권 제2호(통권 제29호), 2006년 12월

37. 이행선, 「일제말·해방공간 우생학과 소년수(少年囚)를 통해 본 '착한/불량국가'」, 『동아시아문화연구』 제53집, 329-367, 2013.5

38. 「정신의료 이동 박물관 전시 프로젝트」, 『사택갑치와 일본의 정신의료사』 2014

39. *KoDDISSUE*, 「일본의 아베 정부가 낙태를 강요당한 희생자들에게 사과하다」, koddi.or.kr 2019.5.27

40. *KoDDISSUE*, 같은 2019년 글

41. 김도현, 「우생학의 대중화 : 미국②」, 『비마이너』 2015.6.8

42. 송승연, 「정신장애인과 한 사람의 시민으로서의 권리」, 『가톨릭뉴스 지금여기』 2018.5.21

43. 송승연, 같은 2018년 글

44. 이방현, 「식민지 조선에서의 정신병자에 대한 근대적 접근」, 『의사학』 제22권 제2호(통권 제44호), 2013.8

45. 하금철, 「[하금철의 인권이야기] 인권 침해가 아니다, '조용한 학살'이다!」, 『인권오름』 2016.12.7

46. 하금철, 「최초의 부랑자 단속 등장…'청년들을 모다 부랑쟈로 잡는다'」, 『비마이너』

2017.7.17

47. 김성환 외, 「'건전사회'와 그 적들, 밝고 환한 사회를 위한 '잉여인간 청소'」, 『금지의 작은 역사』, 천년의 상상, 2018

48. 김소민, 「최대한 안 보이게 밀어 넣어!」, 『한겨레21』 2019.1.4

49. 하금철, 「최초의 부랑자 단속 등장…'청년들을 모다 부랑쟈로 잡는다'」, 『비마이너』 2017.7.17

50. 하금철, 「최초의 부랑자 단속 등장…'청년들을 모다 부랑쟈로 잡는다'」, 『비마이너』 2017.7.17

51. 김성환 외, 「'건전사회'와 그 적들, 밝고 환한 사회를 위한 '잉여인간 청소'」, 『금지의 작은 역사』, 천년의 상상, 2018

52. 『동아일보』 1938.9.17

53. 『동아일보』 1930.12.16

54. 하금철, 「재판도 없는 수인(囚人)의 삶, 부랑인 강제수용의 역사」, 『비마이너』 2017.7.10

55. 하금철, 「[하금철의 인권이야기] 인권 침해가 아니다, '조용한 학살'이다!」, 『인권오름』 2016.12.7

56. 『동아일보』 1940.4.12

57. 하금철, 「[하금철의 인권 이야기] 인권 침해가 아니다, '조용한 학살'이다!」, 『인권오름』 2016.12.7

58. 김소민, 「최대한 안 보이게 밀어 넣어!」, 『한겨레21』 2019.1.4

59. 하금철, 「거리의 부랑아, '황국신민의 전사'로 내몰리다」, 『비마이너』 2017.7.24

3장

해방 이후
1995년 정신보건법
제정까지

해방 후 미 군정을 거쳐 이승만 정부가 들어선다. 그러나 정신
장애인들의 처지는 해방이라는 정치적 사변과는 별로 관계가 없었
다. 일제가 물러간 후에도 일제 강점기에 뿌리내린 혐오와 낙인은
고착된 상태로 계속된다. 산업화와 도시화가 진행되면서 정신장애
인의 생활 터전은 각박해지고 점차 사회로부터 배제되면서 격리
수용된다.

국가는 정신보건법 제정을 거부하고 책임 있는 정신 보건 정책
도 제시하지 않는다. 국가가 무책임으로 일관하고 정신 의료 기관
등 전문 시설도 부족한 상황에서 정신장애인들이 갈 곳은 무허가
기도원과 정신 요양원 등이었다. 이곳에서 쇠사슬에 묶여 지극히
야만적인 조건 아래 생존해야 했다. 구타, 폭력, 감금 등이 일상이었
고 의문의 죽임도 비일비재했다.

산업화, 도시화의 진행과 정신장애인

해방 후 산업화가 본격적으로 진행되는 1970년대 이전 기간에는 그래도 농경 기반의 대가족 제도가 유지되었다. 이런 분위기에서는 정신장애인에 대한 포용도가 높아서 별도의 수용 시설 요구는 높지 않았다.

대가족 제도에 토대를 둔 농촌형 지역사회에서 정신장애인들은 비교적 통합되어 살아갔다. 특히 농사는 노동의 특성상 시공간의 제약이 적어 정신장애인들이 수행하는 데 큰 어려움이 없었고, 이로 인해 기본 생산성을 소유한 노동력으로 활용되면서 살아갈 수 있었다. 가족의 부담은 대가족 제도에서 공동으로 흡수되었고, 평균 수명도 짧은 편이어서 정신장애가 사회 속에서 부담이나 이슈가 되지 않았다.[1]

1960-70년대를 거치면서 산업화가 급속도로 진행되고 동시에 도시화도 빠르게 진행된다. 도시화는 농경 기반의 공동체 사회가 해체되는 데 결정적 요인이다. 농촌 공동체 사회에서 더불어 살아가던 정신장애인들도 도시화 물결에 휩쓸리게 된다.

도시 중심 산업화에 따라 농촌의 생산 기반은 축소되고 산업이 집중된 도시로 노동 인구의 급격한 이동이 발생한다. 이에 따라 농촌 지역에서 정신장애인이 참여할 수 있는 생산 활동의 범위가 급격히 감소한다. 생산성과 역할이 감소하면서 정신장애인들은 사회와 가족의 '무거운 짐'으로 여겨지기 시작한다.[2] 도시로 인구가 이동하면서 농촌 사회의 전통적 대가족 제도도 서서히 해체된다. 정신장애인에 대해 부담을 나눌 수 있던 지지 기반이 무너지는 셈이었다.

도시 생활은 정신장애인들이 살아가기에는 쉽지 않은 공간이었다. 대가족의 해체로 이들을 돌볼 사람도 줄어들었다. 이웃과의 소통도 적어 정신장애인들은 그저 낯설고 무서운 존재로만 여겨졌다. 도시에서는 농촌과 비교해 좁은 공간에 많은 사람이 몰려 살아야 한다. 이 협소한 공간도 정신장애인들에게는 부담이다.

도시 주민은 거주지 인구 밀도가 높아 정신장애인의 물리적 위험성에 대해 더 민감하게 반응하였다. 낯선 이웃과 직접 접촉이 늘면서 지역사회의 긴장도가 높아졌다. 요즘은 아파트에서 밤에 잠을 자지 않고 소리를 지르거나 쿵쾅거리면 층간 소음 문제로 살인도 하는 사회다. 당시는 정신 질환이 유전병이고 난치병이며 정신장애인은 전염병을 옮기는 노숙자와 부랑인이라는 인식이 강했다. 당연히 분리하고 격리 수용해야 한다는 분위기가 고조되었다.[3]

정신장애인을 둘러싼 지역사회 수용도는 감소하고 긴장도는 높아지는 상황임에도 기존 체계를 대신할 수 있는 지역사회 정신 보건 시스템을 구축하려는 움직임은 전무했다.[1]

군사 정부의 정신장애인 문제 대응은 '사회 방위'라는 개념에 기초하였다. 이는 정신장애인의 위험성, 폭력성에서 사회를 방위한다는 군사 개념이다. 그 결과는 결국 군사 작전을 펼치듯 정신장애인을 수용하여 격리하는 것으로 귀결될 수밖에 없었다.[4]

그렇다고 정부가 나서서 공식 기구나 시설을 확충하는 등 적극

......

1. 서울의대 정신신경학교실 이정균 교수팀의 '한국의 정신 질환 실태 조사(60-66년)'에서는 정신 질환자의 38.3%가 방치되고 있고, 20.2%는 한의를 찾으며, 나머지는 무당 및 종교를 찾고, 극소수만이 병·의원을 찾는다고 함 (『경향신문』 1968.11.30)

대응에 나서지도 않는다. 유럽에서 19-20세기 초반에 걸쳐 등장했던 '공공의' 대규모 수용소 같은 것이 등장하지도 않는다. 정신 병상을 갖춘 의료 기관도 미비하던 시절이었다. 경제 성장에 매달리던 당시 상황에서 정신장애인을 위한 공공 투자 자체를 정부는 낭비로 판단했던 듯하다.

사회 방위 개념에 따라 격리 수용이 필요하다고 보았지만 수용을 위한 공공 투자 의지가 없는 상황에서 당시 이 공백을 메운 것은 무허가 기도원과 정신 요양원 등이었다. 정신장애인 한 명 두 명이 무허가 시설들에 유배되기 시작한다. 이제 본격적으로 정신장애인 수용과 격리, 감금 시대가 막을 올린다. 정신장애인들에게 비극의 시간이 시작된다.

정신장애인들을 본격 수용하기 시작한 곳은 종교의 허울 속에 운영되던 기도원과 복지의 이름으로 운영되던 정신 요양원 등이었다. 대외적인 명분과 달리 이들 시설은 온갖 불법, 탈법의 온상이었다. 가족과 국가의 부담이었던 정신장애인들은 이후 수십 년 동안 수용과 격리의 굴레에 갇히게 된다. 가족과 국가의 방치 속에 정신장애인들은 혹독한 고난의 시절을 보내야 했다.

수용되는 부랑인

해방이 되자 외국에서 동포들이 밀려들어왔다. 한국 전쟁이 벌어지자 총인구 절반 가까이가 피해를 입거나 피난길에 나섰다. 거주가 불안정해지면서 거리를 떠도는 부랑인도 증가한다. 부랑인에 대한 인식은 해방 이후에도 여전했다. 언론은 늘어나는 부랑인을 '전율 이상의 공포', '거머리 떼' 등으로 묘사하였다. 내부에 자생하는 '비국민'으로 취급하면서 도덕적 비난의 대상으로 삼기도 하였다.[5]

이런 분위기에서 '비국민'인 부랑인을 격리 수용하기 위해 많은 시설이 설립되었다. 부랑인 시설은 주변인들을 수용하여 폭력으로 통제하던 시설들이다. 시설이라는 호칭만으로는 부족한 듯하다. 시설의 개념을 넘어 억압 조직인 동시에 당시 사회 한 부분으로 작동하던 시스템이기도 하였다.

대구역 앞 미군 부대 철조망 밖의 고아 걸인 소년들, 1952년

부랑인 정책의 핵심은 이들을 최대한 '보이지 않는 곳'으로 밀어내는 것이었다. 정부 수립 이후 처음으로 1950년 「후생시설 설치 기준」이라는 부랑인 시설 수용 관련 규정을 마련하지만 공공 투자가 부족해[2] 많은 부담이 민간에 떠넘겨진다.

전쟁 이후 부랑 아동을 수용하는 시설이 급격히 증가하

.....

2. 1954-59년 군경 원호 사업비는 약 24% 증가하는데 사회 복지 사업비는 32% 감소

서울의 한 부랑아 수용소 모습, 1958년@서울사진아카이브

었다. 1955년 무렵 전국 43개 부랑아 보호 기관에 2,051명이 수용되었다. 보건사회부는 1955년 관리 감독을 강화하고 민간 자원을 통제 관리하기 위해 난립한 시설들을 재단법인으로 바꾸도록 하였다. 1960년엔 1천 명 수용 규모로 지은 서울시립 아동보호소에 정원의 두 배 가까운 1,831명을 몰아넣었다.[6]

이런 분위기 속에 박인근도 1960년 부산 감만동 외딴 바닷가에 형제육아원을 설립한다. 형제육아원의 주요 재원은 해외 원조 기관, 기독교 단체들의 후원금이었다. 경제 측면에서만 보면, 아이들의 '머릿수'가 돈이 되는 구조였다.[7] 형제육아원은 1970년대 형제복지원으로 확대된다.

5·16 쿠데타로 권력을 잡은 군부는 '혁명 공약'을 내걸었는데 3항이 '사회의 부패와 구악의 일소'였다. 군부는 부랑인 대책을 자신들의 가장 뛰어난 업적 가운데 하나로 내세우기도 했다. 대책이란 대규모 단속과 수용이었다. 1961년엔 '갱생보호법'을 제정해 형 집행 종료자, 가석방자, 부랑인 등을 수용하기 시작한다. 이 과정에서 경찰이 실적을 올리려고 시민을 대합실에서 납치해 광주 갱생원으로 데려간 사건 등이 보도되기도 하였다.

정부가 발행한 『보건사회 통계 연표』에 따르면 1962년부터 1974년까지 부랑인 단속 인원은 25만 4,671명이며 이 가운데 14만 2,588명은 시설에 수용하고 1,695명은 정착지로 보냈다고 한다.[8]

당시 부랑인의 범주는 지금과 같은 노숙인에 한정되지 않았다. 훨씬 포괄적으로 적용되었다. 정신장애인, 한센인들도 대상이 되었을 뿐만 아니라 '거리를 배회하는 듯한' 사람들은 마구잡이 단속 대상이 되기도 하였다. 경찰력에 의한 부랑인 처벌은 더욱 악랄해졌다. 이들은 국가 안보를 위협하는 '빨갱이 불순분자'에 준하는, 사회 안보를 위협하는 '사회의 적', '도시 폭동 세력' 등으로 낙인찍혔다.[9]

산업화가 본격적으로 진행되면서 빈농들이 대규모로 이동하여 도시의 빈민층을 구성하기 시작한다. 박정희 군사 정부는 부랑인 시설 격리에 그치지 않고 '갱생'이라는 명분으로 국토 개발에 강제 동원한다. 군사 정부의 부랑아 정책은 '산업 전사' 만들기의 일환으로 진행되기도 했다. 부랑인, 한센병 완치자, 넝마주이 등을 대상으로 '개척단' '근로재건대' '국토건설단'을 잇따라 조직한다.

서울시내 넝마주이 1,218명으로 조직된 '근로재건대' 발족대회. 서울시청 뒷마당에서 재건국민
운동본부장과 서울시장이 참가한 가운데 거행, 1962년@서울사진아카이브

　　서산개척단으로 불린 대한청소년개척단이 대표적인데 정부는
1961년 민정식에게 서산개척단 운영을 위탁한다. 충남 서산군 일대
폐염전을 개간하는 데 공식적으로 1,771명이 강제 노역에 동원된
다. 당시 개척단원들을 강제 결혼시키며 '부랑인과 윤락 여성의 자
활'로 선전하기도 하였다. 개척단은 전남 장흥, 영광, 강원도 고성,
대관령 등에도 있었다. 정부로서는 거리의 사람들을 보이지 않게
격리하면서 동시에 농지 조성에 활용할 수 있는 일거양득의 사업인
셈이었다.[10]

　　대표적인 부랑아 수용 시설인 선감학원의 잔혹상은 해방 후까지

충남 서산의 자활정착사업장 서산개척단원과 시립 부녀보호소 원생 225쌍이 서울시민회관에서
합동결혼식, 1964년@서울사진아카이브

이어졌다. 1946년 2월 경기도는 선감학원 시설을 이어받아 새 건물
을 짓고 부랑아 수용 시설로 그대로 사용했다. 1949년 9월 29일 자
『동아일보』는 "서울시는 5천 명 걸인 중 소년 1,500명을 보육원과
소년 보호 기관에 강제 수용하고 도피가 우려되는 악질자는 선감학
원과 목포학원에 수용했다"고 보도했다.[11]

경찰은 부랑아가 아니라 단지 길을 잃고 헤매던 아이들까지 마
구잡이로 잡아 선감학원에 넘겼다. 끌려온 아이들은 매일같이 곡괭
이로 매질을 당하고 광활한 염전을 일구는 중노동에 시달려야 했
다. 일부 아이들은 매질과 노역을 피해 바다를 헤엄쳐 탈출하고자
했으나, 이내 거친 파도에 휩쓸려 시신이 된 채 선감도로 돌아와야

했다. 그리고 이 시신들은 인근 야산에 소리 없이 암매장되었으며, 그렇게 암매장된 시신만 수백 구가 될 것으로 추정된다.[12] 선감학원은 1982년이 돼서야 문을 닫는다.

경기도에 이양된 선감학원을 제외하면 다른 부랑인 시설 대부분은 민간에서 관리 운영하였다. 정부가 전면에 나서지는 않았지만 정부의 정책 방향이 반영된 것으로 전폭적인 지지와 지원이 이루어진다.

1970년 3월 14일 자 『동아일보』 기사에는 "날이 따뜻해지면서 시중을 돌아다니는 무작정 상경자, 부랑아, 부랑인들의 수가 늘어날 것으로 예상되고 '엑스포70' 행사로 인해 거리 정비가 필요하여 3월 14일부터 모든 부랑인이 구걸 행위나 나환자, 껌팔이, 차잡이 들과 함께 적발 즉시 보호시설에 수용될" 것이라 하였다.

1973년 7월 기사에서는 "지하도, 역 주변 등지에서 노숙하는 부랑인, 무작정 상경하여 거리를 방랑하는 자, 껌팔이, 구걸하는 사람 등이 특별 단속의 대상이 됨. 연고자가 없는 사람들은 전원 수용됨"이라고 나온다. 단속이 강화되면서 국가의 수용 기술도 정교해진다. 나이와 성별 등을 따지기 시작하고 장애와 비장애를 나누어 분리 수용하게 된다.[13]

서울시립 아동보호소에서는 1974년 5월 기준으로 1,410명의 부랑아를 20명의 보모가 떠맡는 등 적은 인원이 많은 부랑인을 관리해야 했다. 분대, 소대, 중대, 대대와 같은 군대식 인력 배치와 상명하복을 중요하게 여기는 군사적 위계 질서는 소수의 관리자가 다수

의 수용자를 통제하기 위한 효율적 장치였다.[14]

한국 사회에서 부랑인 단속이 본격화된 것은 1975년 12월 내무부 훈령 제410호 「부랑인의 신고, 단속, 수용, 보호와 귀향 및 사후관리에 관한 업무처리 지침」이 발표된 이후다.[15] 부랑인 단속과 수용을 규정한 이 훈령 410호는 군사 정부 시절 폭력적인 부랑인 정책의 상징이 되었다. 1950년대와 1960년대는 부랑인에 대한 어떤 법제적 정비 없이 보안 처분으로 부랑인을 강제 수용하고 강제 노역에 동원했다. 당시는 긴급조치 시대로 유신 정권의 수호가 최대 과제였던 시기다.

군사 정부는 사회 질서 유지라는 명분을 내세워 부랑인뿐만 아니라 일상을 살아가는 일반 시민까지도 포획하여 수용한다. 비노동 인구 집단인 부랑인을 갱생시켜 건전한 노동 집단으로 개조한다는 명분이 있었던 것도 아니다. 수용소에서 특별한 갱생 프로그램이 진행된 것도 아니라는 사실에서 이를 확인할 수 있다. 군사주의 방식의 통제만 있었다. 수용소에는 폭력과 인권 유린이 있었고 죽음의 그림자만 감돌고 있었다. 부랑인이라고 불리는 이들 집단을 박멸하는 것 자체가 목적이었다.

1980년대에도 기본적인 정책 흐름은 바뀌지 않는다. 한 언론 보도를 보면 1980년 여름 서울시는 과거와 똑같이 부랑인 일제 단속에 나서는데 영등포 관내에서만 131명을 적발해서 미성년자는 서울시립 아동상담소, 여자 13명은 부녀보호소, 연고자가 없는 노인 등 34명은 시립 갱생원에 입소하였다는 내용이 있다. 보건사회부는 1982년 당시 전국의 보호 대상 부랑인 수를 11,500여 명으로 추산한 바 있다. 이에 부랑인을 3가지 유형으로 나누어 연고자가 있는 사람은 귀가, 연고자가 없으나 활동 능력이 있는 사람은 직업 훈련, 재활 교육을 받고도 다시 구걸 행위에 나서는 사람은 엄중 처벌을 내렸다고 한다.[16]

1986년 아시안게임과 1988년 올림픽을 맞아 복지를 가장한 부랑인 단속은 더욱 강화된다. 수용소는 기하급수적으로 증가한다. "1986년 말 전국적으로 592개의 사회 복지 시설이 설치됨. 76,228명이 수용됨. 이 가운데 공식적으로 부랑인 시설로 분류된 것은 모두 36곳임. 여기에 대략 16,000여 명이 부랑인으로 수용됨. 이 중 시립 시설은 5개, 종교 단체 시설이 10개이며, 나머지 21곳은 사회 복지 법인이 운영하는 시설… 형제복지원이 3,164명을 수용해 가장 크고, 수용자가 많으면서도 모범적으로 운영된다는 평을 들은 서울의 마리아수녀회 갱생원[3]이 1,998명, 대구시립 희망원이 1,400명, 서울시립 부녀보호소가 1,200여 명을 수용"이라는 당시 기사가 있다.[17]

●

정신장애인 대감금의 서막

해방 이후 산업화, 도시화가 진행되면서 정신장애인에 대한 세상의 포용력은 급속히 줄어들었다. 반면 일제 강점기에 형성되고 고착된 정신장애인 혐오와 낙인은 확대 강화되었다.

.....

3. 현재는 서울시립 은평의마을. 당시 서울시립 갱생원을 마리아수녀회에서 위탁받아 운영하고 있었음

정신장애인은 사회로부터 배제되고 격리되기 시작한다. 당시 정부에서 제공하는 공공시설이 없었고, 정신 병상도 미미해 이들을 수용할 수 있는 곳은 민간에서 운영하는 기도원과 정신 요양원들이었다. 대부분 무허가 불법 시설이었다. 전국에 산재한 소규모 시설들로, 행정력이 미치지 않는 허점이 있었다.

정부는 묵인하거나 방치하고 있다가 이들 기관의 인권 침해 사례가 드러나면 감시와 감독을 강화한다고 요란을 떨었다. 치료도 재활도 아닌 격리, 수용 자체가 목적이었던 '대감금의 시대'였다. '민간이 운영하는 수많은 소규모 불법 시설'에 의한 대감금 체제는 1995년 제정되는 정신보건법 체제가 등장하고 나서도 한동안 계속된다. 쇠사슬로 상징되는 대감금은 잊힌 비극이다.

1970년대 이탈리아의 경우 정신병원 폐쇄를 규정한 바살리아 법 제정 이전에는 정신 수용소(정신병원) 체제가 유지되고 있었다. 이들 수용소는 지방 정부가 운영하는 공공 시설로, 천 명 안팎의 정신장애인을 수용하고 직원도 수천 명에 달했다. 지방 정부 산하 기관이므로 지방 행정 책임자라면 당연히 관심을 가질 수밖에 없는 조건이었다.

우리나라 정신장애인 수용은 공공 시설의 부재 속에 민간에 의해 불법 방식으로 유지되고 있었다. 이런 체제는 다분히 정부에 의해 조장되기도 하였다. 정부의 태도는 방치 또는 묵인이었고 제대로 된 감독도 회피하였다. '의도된 방치'가 정부의 기본 태도였다.

당시 정부는 부랑인 대책으로 격리, 수용 방식을 택하고 있었다. 부랑인이라는 용어로 대표되는 사회 '주변인' 배제 입장이 확고했음에도 정부는 직접 개입을 피하고 민간을 통한 간접 개입을 선호 하였다.

직접 개입에 따르는 비용도 문제지만 인권 침해와 같은 논란에 휘말리지 않으려는 의도도 있었다. 정신장애인 정책은 부랑인 정책 의 연장이었다. 정신 보건 개념은 제대로 정립되어 있지 않았고 정 신장애인은 주변인으로만 인식될 뿐이었다.

기도원에 갇힌 정신장애인

사회 주변인들을 청소해서 시야에서 보이지 않도록 하는 것, 사 회 미화와 사회 방위 차원에서 집행된 격리와 수용은 다양한 방식 으로 진행되었다. 정신장애인은 부랑인에 섞여 수용되기도 하였고 기도원이나 정신 요양원 등에 격리되기도 하였다.

기도원은 우리나라 정신장애인 수난사에서 중요한 부분을 차지 한다. 수많은 정신장애인이 기도원이라는 공간에 격리, 감금되어 고 통을 받아야 했던 역사는 기록으로 남겨질 필요가 있다.

우리나라 기독교 역사에서 기도원 운동은 1910년대 강화도 마니산에서 시작된다고 한다. 본격적으로 확대된 것은 해방 이 후로 강원도 철원에서 시작된 대한기독교수도원[4]과 경북 추풍 령 부근의 용문산기도원[5]이 시초이다. 한국 전쟁을 전후하여 사

.....
4. 1945년 8월, 강원도 철원군 갈말면 군탄리에 유재헌 목사와 박경룡 목사가 설립
5. 1945년 10월, 경북 금릉군 어모면 능치동에 나운몽이 설립

회적 불안 속에서 기도원은 급속히 확산되었다.[18] 1960년대, 4·19 혁명과 5·16 군사 쿠데타로 인한 사회 불안 속에 기도원 운동은 계속 확대되다가 1970년대와 1980년대에 이르러 전성기를 맞게 된다. 기도원 운동이 한국교회 성장에 지대한 영향을 주기도 하지만 부작용으로 비윤리적 범죄 사건들도 발생하면서 기도원에 대한 부정적 인식이 자리 잡게 된다.[19]

급격하게 증가한 기도원은 초기에 지나친 신비적 열광주의 때문에 큰 물의를 빚기도 한다. 기도원은 정신장애인 수용소 역할을 수행하면서 이른바 안수나 안찰 기도라는 이름의 의료 행위를 하였는데, 이 과정에서 환자가 사망하는 사건이 발생하곤 했다.

그런 와중에 1970년 삼각산(지금의 북한산) 일대의 무면허 기도원에서 행해진 반인권 실태가 신문에 폭로되면서 세간에 충격을 준다. 발목에 쇠고랑을 찬 중학교 2학년 소녀가 서대문 경찰서에 신고하면서 온 사회에 큰 파문이 일었다. 발목에 묶인 쇠사슬을 풀고 도망나온 소녀 등에는 쇠갈고리에 할퀴어진 상처가 있었고 손과 발목에는 매 맞아 멍든 자국이 있었다.

밥도 굶기고 뭇매를 때려 죽을 것만 같아 탈출했다는 증언이 쇠고랑을 찬 앙상한 소녀의 발목 사진과 함께 『경향신문』(1970.7.2.) 등에 대서특필되었다. 삼각산은 당시 서울에서 가까워서 수많은 기도원이 몰려 있었다. 이 사건은 빙산의 일각이었다. 서울 삼각산의 기도원과 민간 요양소는 생지옥과 같다는 르포 기사가 신문에 연이어 실렸다.[20]

유럽에서도 과거에 정신장애인을 쇠사슬에 묶어서 수용하던 전통이 있었다. 프랑스 대혁명 이후 유럽의 정신장애인들은 적어도 쇠사슬에서는 해방되었는데 이젠 대한민국에 쇠사슬이 다시 등장한 것이다.

1970년대에 들어 불법 사설 수용소 단속은 간헐적으로 이루어지기는 하였으나 정신장애인을 위한 확실한 대안을 마련하지 못한 상태에서는 공염불일 수밖에 없었다. 특히 무허가 기도원에서 정신장애인에 대한 불법 치료가 시행되고 심지어 폭력 행위와 살인 사건까지 계속 적발된다.[21] 기도원들이 주로 산속에 위치하는데 전국의 유명한 산을 훼손시킨 주범으로도 지목되었다. 1970년 그린벨트 법이 발효되면서 많은 기도원이 철거되기도 하였다.[22] 그럼에도 기도원은 이후에도 계속 확대된다.

1973년에는 충남의 베델기도원 기사가 신문에 보도되었다. 충남 대덕에 있는 베델기도원은 1970년 문을 열었는데 적발 당시 남자 17명, 여자 8명의 환자를 수용하고 1인당 매월 7천 원에서 1만 2천 원씩의 치료비를 받아 왔다. 창고 같은 건물, 창문이 다 망가진 허술한 시설에 수용된 환자들에게 매일 클로르프로마진[6] 2정과 페노바비탈[7] 1정 등 3정을 아침, 저녁으로 복용시키다 경찰 단속에 걸렸다.

당시도 습관성 의약품은 의사 처방전이 있어야 가능했는데 환자 관리 편의성 때문에 무단으로 투약하고 있었다. 당시 충남에는 작

.....

6. Chlorpromazine. 향정신병 약물로 조현병 등의 정신병, 조증, 구역, 구토, 정신병적 장애 증상으로 나타나는 불안·긴장·흥분에 사용하며, 과량 투여 시 혼수 등의 중추 신경 억제, 혈압 저하, 부정맥, 추체외로 증상, 돌연사 등이 나타날 수 있어 의사의 지시에 따라 복용해야 함
7. Phenobarbital. 수면, 진정, 항경련 작용이 있음

게는 1-3명에서 많게는 500명까지 수용하는 사설 정신장애인 치료소가 5곳이나 있었다.[23]

이처럼 기도원은 계속 확대되었으나 단속이 미미했고 정책 대안은 전무한 현실에서 기도원의 비참한 수용 생활과 인권 침해는 계속되었다. 언론에 보도되거나 경찰에 적발되는 경우도 비일비재하였지만 그때뿐이고 대안을 마련하지 못한 상태에서 기도원에 의해 유지되던 정신 보건 체계는 변화가 없었다.

1983년 한 기도원에 수용되었던 정신장애인이 탈출하여 인권 침해 실태를 언론에 제보한다. 비참한 기도원의 실상이 KBS TV의 「추적 60분」을 통해 방영되었다. 충격적인 내용이었다. 당시 취재에 참여했던 분이 "기도원을 찾아 전국을 돌아다니던 중 발견한 경북 김천의 '만민기도원'의 모습은 정말 끔찍했습니다. 환자들은 자물쇠로 잠겨 있는 쪽방에서 쇠사슬을 찬 채로 콩 부스러기를 먹고 있었어요"라는 소회를 밝히기도 했다.[24]

이 보도를 계기로 그동안 사회의 사각 지대에 방치되어온 정신장애인 문제가 사회 전면에 부각되면서 정신장애인 정책 전환을 요구하는 목소리가 높아졌다.

아래는 1985년 한 일간지 기사다.[25] 무허가 기도원에서 정신장애인 5명이 연달아 사망한 사건의 해설 기사로 무허가 사설 요양소와 기도원 난립을 지적하고 있다.

지난주 경기도 여주의 무허가 기도원에 수용되었던 정신 질환자 5명이 잇따라 숨지는 사건이 발생해, 2년 전에 사회 문제가 되었던 정신병 환자의 수용 및 보호 문제가 재현될 조짐이다. …이들을 수용·치료할 의료 요양 시설이 태부족이라는 데 근본적인 원인이 있다. …우리나라의 병원 및 요양 시설 규모는 국·공·사립 전문 정신병원을 포함, 일반 병·의원 정신과와 국립요양소 등을 합쳐 5천 3백 병상에 불과하며 일반 요양 시설 6천 9백 명분을 합쳐도 1만 2천 2백 명의 수용 능력밖에 안 된다. 이 때문에 대부분 영세한 환자 보호자들은 무허가 사설 요양소나 기도원들의 취약한 시설을 찾게 되고 이에 따라 이들 시설이 우후죽순 격으로 늘어나고 갖가지 부작용이나 문제점도 잇따라 발생하고 있는 것이다.

1974년 전국에 129개였던 기도원이 1989년 362개, 2001년 552개까지 늘어난다. 1970-80년대 신학 부재와 상업적 운영 등 이단 시비가 끊임없이 제기되면서 기도원 운동은 한풀 꺾인다. 1970년대 후반부터 일부 기도원들은 약간 다른 양상을 띠기도 한다. 건전한 교단이나 교회가 직영하는 기도원 형태로 나타난다. 1990년대부터는 인력과 재정이 풍부한 중대형 교회를 중심으로 자체 수양관을 설립하려는 움직임이 일기 시작한다.[26] 그러나 아직도 일부에서는 음성적이고 비윤리적이고 반사회적인 모습에서 벗어나지 못한 기도원이 상당히 많다.

이 기도원들을 유형에 따라 다섯 종류로 나누기도 한다. 첫째로 교회나 교회 기관의 수양회, 수련회 특별 집회 등을 개최하는데 장소를 빌려주는 기도원, 둘째로 1년 내내 성령 부흥 집회를 하는 기도원, 셋째로 주로 정신장애인을 수용하는 요양원 형태의 기도원, 넷째로 사교 집단으로 전락한 기도원, 다섯째로 개개인이 신앙 훈련하기 적합한 수도원이다.[27] 이들 중 상당수가 미신고 시설로 운영된다.

종교 시설을 빙자한 미신고 기도원은 종교의 자유를 이유로 정부와 지자체의 관리 감독에서 벗어나 인권의 사각 지대에 그대로 방치돼 있다. 대부분 기도원은 법인으로 등록하지 않는 종교 시설이어서 어느 기관이 관리해야 하는지조차 모호한 상황이다.

최근에는 동성애자를 수용하여 전환 치료를 시도하는 기도원이 있다는 뉴스도 있었다. 기도원이 사회 소수자들을 배제하고 억압하는 물리적 공간과 도구로 작동하고 있다는 사실은 전체 기도원 운동 차원에서 진지한 성찰과 반성, 자정 노력을 기울여야 할 필요가 있다.

과학과 인본주의를 포용하지 못한 채 미신 요소와 자본주의 물신 숭배 요소를 더해 성장하던 일부 기독교가 사회 요구와 만나면서 정신장애인을 수용하는 무허가 기도원을 탄생시킨다. 정신장애인들의 인권을 대가로 경제 이득을 취하려는 사업이 근본주의 종교의 탈을 쓰면서 낳은 것이 무허가 기도원들이었던 셈이다.[28]

정신 요양원의 현실

정신보건법이 제정되기 전, 정신장애인을 수용하던 시설로는 종합 병원 정신과, 국공립 정신병원, 민간 정신병원, 사회 복지 법인 정신 요양원, 갱생원 등 부랑아 수용소, 무허가 기도원과 정신 요양원 등이 있다.

한국 전쟁 와중에 방치된 정신장애인들을 수용하며 시작된 정신 요양원들은 국가 정책의 부재 속에 확대되어 전국에 들어서게 된다. 간판이 달랐을 뿐 비참한 실상은 기도원과 마찬가지였다. 정신 건강 관련 법 자체가 없었기에 사설로 운영되던 기도원, 정신 요양원은 제대로 관리할 제도나 지침조차 없었다. 실태조차 제대로 파악이 안 된 상태로 오랜 기간 유지되었다.

앞서 언급한 1983년 「추적 60분」 보도 이후 이들 무허가 정신 요양원도 양성화 조치에 따라 폐쇄되거나 합법적인 정신 요양 시설로 전환하게 된다. 현재의 정신 요양 시설은 이 시기 무허가 시설의 양성화 조치에 따라 전환된 경우와 해방 이후 전쟁고아나 부랑인을 수용하던 사회 복지 시설이 정신 요양 시설로 전환한 경우, 두 가지로 나눌 수 있다.[29] 1980년대에만 정신 요양원 숫자가 5-6배 증가한다.

정신 요양원도 대개 좁은 마룻바닥에 밀집되어 생활하며 어떤 환자는 쇠사슬에 묶여 지내야 했다. 기도원과 별반 차이가 없었다. 1992년경 정부에서 보조하는 하루 부식비는 600원이었는데 당시 일반 교도소의 부식비 682원보다도 적었다. 전국에 75곳, 약 1만 7천여 명이 수용되어 있었을 것으로 추정되며 비인가를 합치면 더 많을 것으로 여겨진다.[30] 1991년경 한 언론에 보도된[31] 정신 요양원의 현실을 옮긴다.

정신장애인들은 의사의 '정신과 진료가 필요하다'는 진단서 한 장만으로 정신병원이나 요양원에 수용된다. 무허가 시설들은 진단서조차 필요 없이 가족들의 요청만으로 수용 가능했다. 당시에도 가족 사이 분쟁이나 이해 당사자들의 조작으로 정신장애인으로 몰려 강제 입원 당하는 사례도 있었다.

…요양원에 수용된 정신 질환자들은 외부와 단절된 '딴 세상'에서 형편없는 생활 환경, 구타 등 가혹 행위, 강제 노역 등 갖가지 인권 유린에 시달리고 있다. 수백 명의 환자를 몇 안 되는 관리인이 통제하기 때문에 엄한 군대식 명령과 가혹한 기합, 구타가 뒤따른다.

지시를 거부한 환자들은 창틀과 쇠사슬에 2~3일씩 묶여 있는 게 보통이며 때로는 발길질, 몽둥이질 등 무자비한 폭행을 당하기도 한다. 환자들은 요양원의 직영 농장 등지에서 '작업 치료'를 빙댄 강제 노역에 시달리고 있다.

…요양원은 법적으로 치료 기관이 아니라 사회 복지 기관이어서 환자 수가 몇 명이건 관계없이 정신과 의사가 고정 배치돼 환자를 돌보는 곳이 전혀 없다. 다만 촉탁의로 선정된 외부 정신과 의사 1명이 1주일에 1~2차례 요양원을 찾아 수백 명의 환자를 진료할 뿐이다. 이 때문에 증세가 심하지 않은 환자는 의사 얼굴을 보기 어려우며 처방이 금지된 간호사, 관리인들이 마음대로 투약 양을 조절하기도 한다.

촉탁의들에 따르면 일부 관리인들은 소란을 피우는 환자들에게 규정량의 2~3배나 되는 클로로프로마진을 강제 복용시키는가 하면, 오히려 해로울 수 있는 간질병 환자, 알코올 중독자에게까지 이 약을 먹이는 등 정신 질환을 악화시키는 사례마저 있다는 것이다.

환자들은 완치 여부 관계없이 '형기 없는 수인'으로서 기약 없이 장기 수용돼야 한다. 촉탁의 얼굴 보기가 하늘의 별 따기여서 정밀 조사가 필요한 퇴원 가능 진단을 받기 어려운 데다 퇴원이 가능해지더라도 가족들로부터 버림받은 경우가 많아 정작 필요한 보호자의 퇴원 요구서를 제출할 수 없기 때문이다.

정신 요양원들의 비리와 인권 침해가 보도되는 경우가 종종 있었다. 언론에 보도되는 경우는 빙산의 일각이다. 기도원과 마찬가지로 정신 요양원도 비리, 인권 침해가 만연했던 것으로 보인다.

대전 신생원新生院은 868명의 정신장애인 원생을 수용하고 있었다. 온갖 비리와 횡령, 강제 노역이 빈번했고 사인이 불명확한 의문사가 여러 차례 있었는데 원인 규명 없이 그대로 매장되기도 하였다.[32]

부산 사하구 외곽 산중턱에 자리 잡은 새희망정신요양원은 가혹 행위와 강제 노역, 상습 구타 등으로 원생을 잇따라 숨지게 하고 이를 자연사로 위장한 것이 밝혀져 충격을 주었다. 6개 병동에 496명의 원생이 감금되어 지내면서 강제 노역에 시달려야 했다. 외박이나 외출은 절대 허용되지 않았다고 한다. 5명의 원생이 가혹 행위로 사망하거나 자살한 것으로 조사되었다.[33]

1970-80년대 군사 정부 시절 급격한 산업화 과정에서 농촌의 인구가 이탈하여 도시로 몰려들었고 일부는 도시의 부랑인으로 전락하여 도시를 배회하였다. 군사 정권이 보기에 이들은 미관상 문제되니 정상인의 시야에서 사라져야 하는 존재였다. 해결 방법은 거의 군대 같은 방식으로 도시 배회 부랑인을 시설에 감금하는 것이었다. 이를 고착 확대시킨 것이 1975년 12월 제정된 '내무부 훈령

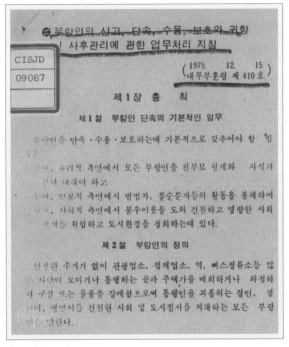

내무부 훈령 410호

410호'였다. 이 훈령은 초법적인 것으로 이에 근거하여 단지 부랑인이라는 이유만으로 시설에 가두는 것이 가능하게 된다.

당시는 유신 정권의 강압 통치가 날로 더해 가던 시기였다. 1975년 들어 학생들의 반유신 시위가 격화되자 5월 13일 박정희 군사 정부는 긴급조치 9호를 발령한다. 긴급조치 9호는 헌법 비방이나 반대를 금지하고 유언비어 유포나 시위 등을 금지한다. 긴급조치 9호 발령 직전인 4월 초 인혁당 사건에 연루된 8명에게 사형 선고가 내려졌고 20시간도 안 되어 사형이 집행되었다.

긴급조치 9호의 발령과 더불어 각 학교 학생 자치 활동 구심체인 학생회가 폐지되고 준군사조직인 학도호국단 체제로 전환되었으며, 수많은 동아리가 폐쇄되었다. 6월에는 모든 서울 시민 대상으로 주거를 확인하고 통반장들을 통한 주민 통제를 강화하였다. 7월에는 사회안전법이 제정되었는데 이에 따르면 형법, 군형법, 국가보안법, 반공법으로 형을 살고 나온 사람들에 대해, 개전의 의지가 보일 때까지 임의로 구금이 가능하게 된다. 8월에는 민방위기본법이 제정된다.

12월에는 내무부 훈령 410호인 「부랑인의 신고, 단속, 수용, 보호와 귀향 조치 및 사후 관리에 관한 업무 지침」이 제정된다. 훈령 410호에는 부랑인을 '일정한 주거가 없이 관광업소, 역, 버스 정류소 등 많은 사람이 모이거나 통행하는 곳과 주택가를 배회하거나 좌정하여 구걸 또는 물품을 강매함으로써 통행인을 괴롭히는 걸인, 껌팔이, 앵벌이 등 건전한 사회 및 도시 질서를 저해하는 모든 부랑인을 말한다'고 정의하고 있으며, 훈령을 제정한 목적은 '범법자, 불순분자 등의 활동을 봉쇄하는 것'이었다.

훈령 410호에서 말하는 "많은 사람이 모이거나 통행하는 곳과 주택가를 배회하거나…건전한 사회 및 도시 질서를 저해"하는 행위는 애매하기 짝이 없다. 훈령에 이에 대한 자세한 설명은 없고, 규정의 모호성은 이를 집행하는 일선 경찰에게 막강한 재량권을 부여한다. 이미 형제복지원 피해 생존자들이 숱하게 증언했듯이 '길에서 적당히 허름한 옷차림으로 돌아다니는 아이들은 무조건 잡아 가두는 식'이었다. 일명 '후리가리'라 불리는 경찰의 실적 위주 일제 단속을 조장하였던 셈이다. 이들은 범죄를 이유로 잡혀 온 것이 아니어서 구속 영장도 없었고 재판도 받지 않았다.[34]

당시 형제복지원 원장 박인근은 1976년 '일본의 조총련에서 부랑인으로 가장한 사람들을 남한에 파견해 정보를 수집하고 있다'는 황당한 정부 공문을 받은 후 거리에서 '부랑인 체포'에 본격 나섰다고 한다. 즉 이들에게 부랑인 대책이란 전장에서 적을 섬멸하는 것과 별로 다를 게 없었다.

이 과정에서 부득이하게 '공원에서 잠을 자다가', '늦은 시간까지 시내에서 놀다가', '퇴근길에 난데없이', '부산에 놀러 왔다 차가 끊겨 부산역 대합실에서 기다리다가' 잡혀 오게 된 사람이 있다 해도 어쩔 수 없었다. 암세포를 제거하는 과정에서 불가피하게 정상 세포가 희생되어야 하는 꼴이었다.[35]

부랑인 단속 과정에는 정부 담당 부처나 경찰 같은 치안 기구뿐만 아니라 일반 시민과 주민 조직까지 동원된다. 부랑인에 대한 일반 신고 제도는 시민이 '건전한 사회 질서를 저해하고 사회에 나쁜 영향을 미치는 자들'을 직접 지목하도록 하였다. 시민 스스로 '살아야 할 자와 죽어야 할 자를 나누는 절단'을 실행한 것이다.[36]

훈령 410호는 1975년 공포 정치 아래 사회 통제를 위한 일련의 조치들 속에서 탄생하여 부랑인 감금의 행정 근거가 되었다. 긴급조치 9호는 1979년 박정희 사망 후 폐지되었으나 훈령 410호는 전두환 정부에서도 계속되었으며 오히려 통제는 이전보다 더 강화된다.

부랑인 감금의 역사는 전두환 정부 시절 삼청교육대에서 절정을 이룬다. 삼청교육대는 1980년 사회악 일소 특별 조치 및 계엄포고령 제19호에 따라 설치된 군대식 강제 수용소였다. 군과 경찰에 의해 영장 없이 검거된 시민의 수가 6만 명을 넘었다. 1981년 1월 24일부로 계엄령 해제에 따라 해체되었으나 수용자 중 7,478명은 보호 감호 처분을 받아 1-5년의 강제 노동을 감내해야 했다.

1981년 4월에는 대통령이 국무총리에게 "근간 신체 장애자 구걸 행각이 늘어나고 있는 바 실태 파악을 하여 관계 부처 협조하에 일절 단속 보호 조치하고 대책과 결과를 보고해주시기 바랍니다"라는 문서를 내려보냈다. 이에 따라 8일 동안 1,850명을 단속하기도 했다.

1986년 아시안게임과 1988년 서울올림픽을 앞두고 '사회 정화'에 공무원 1만 명을 투입하는 등 부랑인 단속을 강화한다. 부랑인 시설 격리는 이른바 국가의 경사를 앞두고 환경 미화 국민 캠페인과 연계되었다. 부랑인 시설은 1982년 10곳에서 1983년 43곳으로,

수용 인원은 3,629명에서 14,131명으로 증가한다. 부랑인 대책은 결국 무고한 시민의 감금을 초래하고 최악의 인권 유린으로 귀결된다. 감금의 참혹한 결과는 1987년 '한국의 홀로코스트'라 불리는 형제복지원 사건을 계기로 세상에 알려진다.[37]

부랑인 강제 수용은 1990년대 초반부터 점차 없어졌고, 2011년 「노숙인 등의 복지 및 자립 지원에 관한 법률」이 제정되면서 '부랑인'이란 용어는 적어도 법률에서는 사라졌다. 격리 수용 위주, 민간 주도의 시설 운영, 국가와 시설의 상호 의존 등 고착된 문제들의 해결 없이는 이러한 사건이 반복될 수밖에 없다.[38]

형제복지원

형제복지원에서는 훈령 410호에 따라 1975년부터 1987년까지 부산 일대에서 부랑자를 선도한다는 명목으로 불법 감금하고 강제 노역을 시키는 과정에 인권 유린이 자행되었다.[39] 12년 동안 공식 사망자 수는 513명에 달하고, 이들을 야산에 암매장하거나 해부용 시신으로 판 것으로 조사되었다. 이는 그나마 기록이 남은 경우만 집계한 것이므로 실제 피해는 이보다 더 클 것이다.

증언에 따르면 이 시설에 수용되었던 사람들은 정신장애인을 비롯하여 고아, 장애인, 무연고자 등 사회가 마땅히 보호해야 할 취약 계층만이 아니었다. 휴가 나왔던 군인, 자기 집 앞에서 놀던 어린이, 친구들과 영화 보러 온 학생 등이 납치되어 강제 수용되기도 하였다.

백양산 자락의 형제복지원 전경 @형제복지원 운영 자료집

심지어 부산에 있는 친척 집을 찾아왔다가, 길을 잃어 인근 파출소에 들렀다가, 거리에서 TV를 보느라 어슬렁거리다가, 단지 술에 취해 귀가가 늦었을 뿐인 사람들이, 주거지가 분명하고 가족 연락처가 있음에도 경찰에 의해 영문도 모른 채 형제복지원으로 인계되기도 했다. 통반장에 의해 동네에서 생계가 어려운 가정 아이들이 선별되어 형제복지원으로 보내진 사례도 있다.[40]

형제복지원은 부랑인 임시 보호소로 시작해 부랑인에 대한 구제책으로 종교 선도와 숙식 제공, 직업 재활 교육을 하는 것으로 알려졌다. 하지만 실제 형제복지원에 수용되었던 사람들은 박인근 일가 재산 증식을 위해 중노동에 동원되는 것은 물론 구타와 감금, 성폭

행 등의 고초를 겪은 것으로 드러났다.

형제복지원 내에서 휘둘러진 폭력은 군대 조직에서 이식된 체계에 따랐다. 계급이나 입대 기수에 따라 권한이 다르게 배분되고 공식 제도가 인정하지 않는 폭력을 행사하는 것을 당연시하는 군사 문화가 형제복지원이라는 수용소 안에서도 작동했다.

1986년 기준 전체 수용자 3,975명 가운데 경찰을 통해 입소한 인원이 3,117명, 구청을 통해 입소한 인원은 253명이었다. 하루 10시간 이상 강제 노역과 학대, 성폭행이 다반사였다.

건물 뒤쪽 별채에는 말 안 듣는 사람들만 따로 감금하는 격리실이 20여 개나 있었다. 저항하다 맞아 죽기도 하였다. 시신은 내부 담벼락 밑에 암매장하거나 일부 시신은 한 구당 300만-500만 원을 받고 대학병원에 팔려 나가기도 했다.

사실 형제복지원은 1970-80년대 우후죽순으로 생겨난 수많은 시설 중 하나였다. 부랑인 단속 강화는 형제복지원에게는 성장의 기회였다. 1984년 '사회복지사업법'이 개정되면서 민간 시설에 보조금, 세제 혜택도 늘었으나 무엇보다 이 시설이 융성할 수 있었던 것은 정권의 비호가 있었기 때문이다.

전두환 정권은 시설 운영비를 매년 10억-20억 원씩 지원한 것도 모자라 박인근을 청와대로 불러 1981년에는 국민포장, 1984년에는 국민훈장 동백장을 수여하기도 했다. 전두환 정권은 수용인 노동력을 동원해 비용을 절감하는 형제복지원을 '모델'로 활용하기도 했다.[41]

한 피해 생존자 증언에 의하면, 당시 운영 방식을 배우기 위해 전국 시설장들이 형제복지원에 와서 일정 기간 생활하는 단체 교육을 받기도 했다. 한편 수용자들은 형제복지원 아닌 다른 시설의 확장 공사 등에도 종종 차출되었다. 다른 지역 시설에서 형제복지원으로 인계되는 수용자들도 있었다고 한다.[42]

형제복지원은 날개를 달고 사업 다각화를 모색한다. 수용동 2층을 증축하고 기업체와 손잡아 수익 사업을 확대한다. 형제복지원은 부랑인 보호 시설, 아동 보호 시설, 장애인 요양 시설, 보호 감호소, 제조업 수출 생산 단지, 인력 파견소라는 다양한 성격의 종합 시설로 기능한다.

부랑인 수용이라는 국가 프로젝트 수행 과정에서 국가와 사회복지 법인이 비용 절감 논리로 서로 맞물리면서 일종의 '담합' 관계로 발전하는 모양새였다.[43]

1980년대에 형제복지원 안에 정신장애인 수용 시설인 형제정신요양원까지 짓는다. 이 시설은 여건이 제대로 갖추어지지 않아 인가가 날 수 없는 상황인데도 1982년 12월 인가가 났다. 1987년 형제복지원 문제가 불거진 후 밝혀진 바로는 형제정신요양원에 2년 동안 국고와 부산시비 등 2억 7천만 원이 배정되었는데 보조를 받으면서도 연고가 있는 수용자 가족들로부터 1인당 매월 5만-20만 원씩 받아 왔다고 한다.[44] 형제정신요양원의 관리 방식은 형제요양원과 별 차이가 없었다. 여기서도 향정신성 약물인 '클로르프로마진'이 마구잡이로 투약되었다.

형제복지원 사건을 계기로 다른 부랑인 시설의 인권 침해 실태가 폭로된다. 1987년 2월 7일, 500여 명이 수용된 대전 성지원에서 폭행과 강제 노동을 견디지 못한 원생 20여 명이 집단 탈출한다. 사흘 뒤 신민당에서 조사단을 파견했지만 국회의원과 취재 기자들이 시설 관리자와 원생들에게 집단 폭행을 당하고 쫓겨난다. 이어 2월 27일 다시 원생 220여 명이 탈출하면서 성지원 책임자는 결국 구속된다. 이어서 충남 연기군의 양지원에서 원생 한 명이 폭행으로 사망하는 사건이 발생한다. 이를 계기로 조사에 들어가자 1983년 개원 이후 1987년까지 88명이 사망하고, 6명이 폭행 치사 당한 사실이 밝혀진다.

연이은 폭로로 전국 36곳 부랑인 시설에 관심이 집중된다. 부담을 느낀 정부는 1987년 5월에 내무부 훈령 410호를 폐지하고 대신 '보건사회부 훈령 523호'를 제정한다. 부랑인 단속의 주무 부서가 내무부에서 보건사회부로 바뀐 셈이다. 가장 큰 변화는 형식적이고 제도적인 측면에서 투명성과 절차가 강조되는 동시에 부랑인 규정이 더욱 명확해졌다는 점이다.

새롭게 규정된 「부랑인 선도시설 운영 규정」 제3조에는 입소 대상 부랑인을 ① 연고가 없거나 연고자가 있어도 보호할 능력이 없는 65세 이상의 노쇠자, 18세 미만의 아동, 폐질, 정신 질환 또는 심신 장애 등 생활 능력이 없는 부랑인으로서 보호 기관인 시장, 군수, 구청장이 보호가 필요하다고 인정하거나 ② 일정한 주거가 없이 구걸하는 부랑인으로서 본인이 시설 보호를 원하고 시장, 군수가 보호의 필요성을 인정하는 경우, ③ 제1항 또는 제2항에 해당하는 자로서 경찰관서로부터 보호의 요청이 있는 자로 정의하였다. 연고가 있어도 마구잡이로 감금하던 과거의 관행에 대한 개선점을 명시하였으나[45] 제대로 운영되지는 않았다.

시설 운영자들에게 단속의 권한을 암암리에 인정하는 형식을 취함으로써 정부는 슬쩍 뒤로 물러나 숨는다. 복지의 이름으로 자행된, 가난한 사람들에 대한 배제와 격리 정책은 이후에도 더욱 강화된다. 형제복지원 피해자인 한종선, 최승우 등은 2012년 5월부터 국회 앞 1인 시위를 시작으로 '형제복지원 진상 규명 특별법' 제정을 위한 운동을 벌였다.

2020년 5월 20일 열린 20대 국회 마지막 본회의에서 「진실 화해를 위한 과거사 정리 기본법」(과거사법) 개정안이 통과된다. 일제강점기 이후부터 권위주의 통치 시기까지, 형제복지원 사건을 비롯한 인권침해 사건들의 진상을 규명할 수 있는 단초가 마련되었다.

정신 의학계와 정신 의료 기관의 현실

1945년 해방이 되었으나 제대로 치료할 만한 전문 인력이나 시설이 부족한 게 현실이었다. 일본인 정신과 의사들이 조선인 제자들을 후계자로 키우지 않아서 일본인들이 떠났을 때 조선인 정신과 의사는 15명 정도밖에 되지 않았다. 정신 병상 수는 경성제국대학 40병상을 포함하여 전국에 100여 병상에 불과했다.[46]

한국 전쟁까지는 일본이 답습한 독일 의학 전통이 남아 강의나 의무 기록 등에 독일어를 많이 사용한다. 독립된 정신과 병동에서

직접 척수액 검사 등을 실시하던 독일식 클리닉 제도의 전통도 유지된 것으로 보인다.[47]

임상에서는 신체 요법에 대한 선호, 권위적인 독일식 의사-환자 관계, 그리고 대학 신경정신과 교실(또는 의국)로 불리는 위계 조직과 운영 문화 등 제국대학의 권위주의 문화가 그대로 이어진다. 일본이 물려준 지속 수면 요법, 유황 발열 요법, 인슐린 쇼크 요법, 전기 경련 요법 등은 해방 후 계속 쓰이다가 한국 전쟁 이후에는 거의 쓰이지 않았다고 한다.

일본인 의사들의 연구는 후속 연구로 이어지지 않았고 다른 연구에 인용되는 경우도 드물었다. 1945년 이후 1980년대까지 40여 년 동안 한일 간 학술 교류도 단절되었다.[48]

우리나라에서 처음 단독으로 개설된 전문 정신병원은 청량리정신병원이다. 구한말 정치가 박영효의 아들이 경성의전을 졸업하고 1943년 청량리병원을 개원한다. 해방 직후 최신해[8]가 인수하여 청량리뇌병원을 시작하고 나중에 청량리정신병원으로 이름을 바꾼다. 경영난으로 2018년 3월 개원 73년 만에 결국 청량리정신병원은 문을 닫는다.

1962년 2월, 당시 서울 변두리였던 중곡동에 약 300병상 규모로 현대 시설을 갖춘 국립정신병원이 설립되었다. 이 병원은 국내 최초의 국립정신병원으로 본격 정신 의료 기관 성장을 알리는 계기가 되었다. 2002년 국립서울병원으로 이름을 바꿨다가 2016년 신축하면서 국립정신건강센터로 개칭한다.

.....
8. 국어학자 최현배의 둘째 아들

국립정신병원 전경, 1962년@국가기록원

　정신 병상 수는 1962년 1,059개에서 1979년에는 1,915개로 늘었
으며, 정신과 병원 수 역시 4배 이상 늘었다.[49] 하지만 당시 미국의
정신 병상 84만 개(인구 2억여 명), 일본의 4만 5천 개(인구 1억여 명)에 비
교하면 아주 적은 수준이었다.[50] 정신 의학 인력도 부족하기는 마찬
가지였다. 1967년 무렵 정신과 전문의는 57명에 불과하였다.

　1968년 당시 국고 지원을 받는 정신 의료 기관은 국립정신병원
(360병상), 시립서부병원(38병상), 전북 개정병원(86병상), 청량리뇌병
원(280병상), 부산 자매여숙정신불구원(98병상), 부산 영낙정신불구원
(130병상), 부산 그리스도정신불구원(105병상) 등이었다.[51]

　지역사회 정신 보건 재활 프로그램이 전무하다시피 한 상황이고

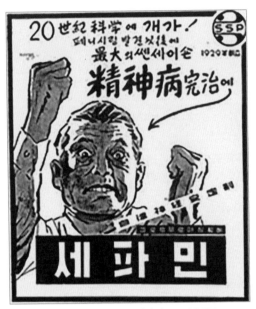

향정신성 약물인 세파민(클로르프로마진)의 1970년대 광고

정신 의료 기관의 병상 수도 많지 않아 이를 이용할 수 있는 사람은 제한되었다. 정신병원을 이용하려면 어느 정도 재정 뒷받침도 있어야 가능했다. 결국 대부분 정신장애인은 무허가 사설 기도원과 요양소에 수용될 수밖에 없었다.

1960년대 초반 집단 자살과 개인 자살이 급증하면서 사회적으로 자살 방지책이 논의되기 시작한다. 이에 따라 1962년 가톨릭 의과 대학 성모병원에 자살 예방 센터가 설치되고 여기에 정신과 의사가 배치된다. 1960년대 이후 자살은 사회 정신 의학의 중요한 연구 과제로 부상한다.[52]

정신과 의사나 정신 병상이 부족한 상황에서 무면허 돌팔이 의사에 의한 불법 의료 행위도 심심치 않게 이루어졌다. 1963년 7월 신문에 돌팔이 의원을 구속했다는 기사가 났다. 의사 면허도 없이 성동구 행당동에서 의료 행위를 한 고 모 씨가 정신장애인을 치료한다면서 '세파민'[9], '감파'[10] 등을 주사했으나 효과가 없자, 전기 치료를 하기 위해 50센티미터 전선 두 줄을 전등 소켓에 연결하고 환자의 팔에 접선시켜 감전, 중태에 빠뜨려 국민의료법 위반 혐의로 구속한다는 내용이었다.

1970년에도 무면허 의사 강 모 씨가 '중생의원'이라는 정신병원을 차려 의료 행위를 했다는 죄로 구속되었다는 기사가 났다. 환자를 치료하기 위해 침대에 묶어 몽둥이질을 했기 때문에 폭력 행위 등 처벌에 관한 법률 위반으로 입건된다.[53]

1980년대 들어 기도원과 요양소의 비리와 인권 유린 사례가 언론에 보도되면서 비난이 일기 시작하자 정부는 1984년 이후 정신 병상 확대 정책을 추진한다. 이 정책은 생활 보호 제도와 시설 보호 제도 확충에 힘입어 급속히 진행되었다. 의료 수가 등을 통해 정신 병원의 신·증설을 유도하면서 공공보다는 민간 부문에서 정신 병상에 대한 투자가 이어진다.[54]

대형 정신병원들은 1980년대 후반부터 설립되기 시작한다. 정부는 정신 병상 확충 계획을 작성하고 주로 민간 병원 건립을 지원한다. 결과적으로 정신 병상은 2-3년 사이에 2배 정도 증가하나 의료

.....
9. 클로로프로마진
10. 신경안정제 계통 주사제

서울시립용인정신병원 개원 당시 모습. 서울시내 저소득층 정신 질환자의 입원 요양 치료 및
사회 복귀 훈련을 실시하게 될 용인정신병원은 3백 병상의 입원실을 갖춤, 1986.12.22.@서울
사진아카이브

인력 고려 없이 시설만 확장한 탓에 실제 치료나 재활보다 격리와
수용에 치우친다.

이들 병원은 큰 규모로 한꺼번에 건립되어 정상 방식으로는 환
자를 채우기 어려웠다. 그래서 치료비를 국가가 부담하는 의료 보
호 환자들을 중심으로 병원을 운영하게 된다. 국가에서 치료비를
부담하므로 병원이 치료 노력을 크게 기울이지 않고 단순 수용만으
로 막대한 이익을 취할 수 있었다.

대부분 민간 위탁 대형 정신병원은 병원 건립 자금을 정부가 지
원했다. 경영자는 환자 수를 채우기만 하면 환자 1인당 일정 지원금
을 정부로부터 받을 수 있었다.[55]

우리나라 최대 정신병원은 용인정신병원이다. 2만 2천 평 대지 위에 설립된 용인정신병원은 의료법인 용인병원유지재단[11]이 직접 운영하는 용인병원과 서울시와 경기도로부터 위탁받아 운영하는 용인정신병원, 용인정신요양원 등으로 구성되었다. 서울시립 용인 정신병원에 수용된 환자들은 모두 서울시에서 보낸 의료 보호 대상 자들로 등급에 따라 일정액을 국가에서 받는다.

서울시립정신병원과 경기도립정신병원은 비슷한 방식으로 설립 되었다. 먼저 용인병원유지재단이 토지를 서울시와 경기도에 기부 채납하면 이곳에 서울시와 경기도가 병원을 건립한 다음 다시 재단 에 위탁하여 운영하는 방식이다. 이렇게 경기도립정신병원은 1982 년, 서울시립정신병원은 1987년부터 재단이 위탁 운영을 하다가 2019년과 2015년 계약을 해지하고 운영에서 손을 뗀다.

용인정신병원의 1990년대 초반 입원 환자 수는 2,700여 명에 이 르렀는데 전문 인력이 절대 부족해 제대로 된 치료는 이루어지기 어려웠다.[56]

용인정신요양원의 경우 정신장애인 관리 문제가 더욱 심각했다. 치료 기관이 아닌 사회 복지 시설로 운영되는 요양원의 유일한 치료 는 촉탁의를 통해 환자를 돌보는 것이다. 촉탁의는 대개 1주일에 한 번씩 요양원을 방문해 수많은 환자를 간단히 훑어보는 식으로 진료 한다.

.....

11. 용인정신병원은 1971년에 설립되며 재단은 1976년에 설립. 2009년 2월에 이효진 이사장이 27살 나이로 3 대 이사장에 취임

요양원 내부는 침대 없이 한 방에 정신장애인 10여 명씩을 수용한다. 요양원에 들어서면 운동장을 둘러싼 높이 3m쯤 되는 철책이 있는데 이는 요양원에 수용된 환자들의 무단 탈출을 막기 위한 것이다. 철책은 3층으로 된 요양원 건물 옥상에도 설치돼 있었다.[57] 교도소를 연상케 하는 모습으로 유럽에 설립 운영되던 대규모 정신병원과 유사하다.

2016년 6월 용인정신병원 노동조합이 파업에 들어간다. 노사 갈등은 병원 쪽이 2월 전체 520여 명의 직원 중 희망 퇴직자 43명을 모집하면서 시작되었다. 노조 간부 등 20여 명을 먼저 정리하고, 1,300여 명에 이르는 환자 중 300여 명을 두 달 사이에 퇴원시켰다. 주로 돈이 안 되는 의료급여 환자들이었다.[12] 파업 기간 동안 병원의 다양한 비리와 인권 침해 사례들이 드러났다.

● 우생학 개입의 강화

일제 강점기 우생학은 정신장애인 혐오와 배제를 정당화했던 이념 토대였다. 이때부터 시작된 우생학 법률 제정 논의는 해방 이후에도 계속된다. 1960년대 이후 인구가 급격히 증가하면서 정부는 인구 억제 정책을 펴기 시작한다. 다양한 캠페인을 벌이는 동시에 불임 수술을 적극 권장하였다.

.....

12. 정신병원 수가 체계는 정액제. 파업 당시 의료급여 환자는 4만 7천 원 정도고 의료보험 환자는 7만 4천 원 정도로 차이가 있어 병원 입장에서는 의료급여 환자보다 의료보험 환자를 입원시키는 것이 더 유리함

보건사회부가 미국 국제개발처(USAID)로부터 인수한 가족계획 사업용 특수 차량. 특수
이동 시술이 가능, 1972년@서울사진아카이브

　　비장애인에 대해서는 다양한 혜택을 제공하면서[13] 불임 수술을
유도했던 반면 정신장애인을 포함하여 장애인에 대해서는 우생학
에 근거하여 강제 불임 수술을 법제화하였다.

　　1964년 공화당 박규상 의원은 기하급수적으로 늘어나는 인구를
억제한다는 명분으로 임신 중절을 합법화하는 '국민우생법안'을
마련하였다. 이 법안의 골자는 법이 정하는 조건에 맞는 경우[14] 당

.....

13. 예비군 훈련을 면제하거나 축구장 입장권을 제공하기도 하고 아파트 입주 우선권을 주기도 함. 불임 수술
을 받을 경우 3~4일 간의 일당을 주기도 하고 일정 기간 진료를 받을 수 있도록 혜택을 주기도 함
14. 법이 허용하는 다섯 가지 경우는 ① 사등친四等親 내에 악성 유전 질병이 있는 사람(유전성 기형, 유전성
정신병 등) ② 이미 3명 이상의 자녀가 있는데 모체의 건강이 나쁘거나 새로 태어날 아기의 양육에 지장이 있
을 때 ③ 분만 이후 2년이 경과 하지 않은 사람 ④ 임신의 계속이나 분만이 모체 건강에 현저히 해로울 때 ⑤

사자가 중절을 원하면 보건사회부 장관이 인정한 자에게 중절(일시적 수술)이나 우생 수술(영구 피임 수술)을 받을 수 있는 것이다. 이 법안 발의 후 다양한 논란이 일어나면서 국회를 통과하지 못하고 폐기된다.[58]

우생학적 개입은 1973년 '모자보건법' 제정으로 되살아난다. 이 법은 1964년 국민우생법안과 비교하여 '강제 불임 조치'를 명령할 수 있게 했다는 점에서 훨씬 더 강력한 개입의 길을 터놓았다. 이 모자보건법은 1973년 당시 계엄 아래 비상 국무회의를 통해 제정되었는데 주로 일본의 우생법을 본떠 만들었다.

모자보건법 제14조에는 "본인 또는 배우자가 대통령령이 정하는 우생학적 또는 유전학적 정신장애나 신체 질환이 있는 경우" 인공 임신 중절 수술을 허용한다는 조항이 있다. 이 조항 역시 나치 독일의 단종법을 바탕으로 만든 일본의 우생법을 따른 것이다. 일본이 1996년 '우생' 관련 표현이 들어간 조항을 모두 삭제했음에도 국내에선 아직 그대로 남았다.[59]

모자보건법 시행령 제15조 2항에는 그 구체 사례를 유전성 정신분열증, 유전성 조울증, 유전성 간질증, 유전성 정신박약, 유전성 운동 신경원 질환, 혈우병, 현저한 범죄 경향이 있는 유전성 정신장애, 기타 유전성 질환으로서 그 질환이 태아에 미치는 위험성이 현저한 질환으로 규정한다. 이들 항목은 1933년 나치 독일 '유전병 방지법'에서 규정하고 있는 단종 대상 질환들과 거의 일치한다.[60]

협박 또는 거절할 수 없는 상태에서 간음으로 임신했을 때임. 위의 사항에 해당되는 자는 배우자의 동의를 얻어야 하며 동의자가 없는 사람은 단독 의사로도 할 수 있음

모자보건법 9조에는 강제 불임 조치를 명령할 수 있다는 조문이 있었다.[15] 1975년 6월 한 신문에 「보사부 선천성 정박·간질 환자 9명 강제 불임 수술 명령」이라는 제목의 기사가 실렸다.[61] 논란은 1월로 거슬러 올라간다. 1975년 1월 보건사회부가 충청남도로부터 사설 정신 박약아 수용 시설인 정심원에 수용 중인 12명의 여자 정신 박약 및 간질 환자들이 모자보건법 규정에 따라 불임 수술 대상자라는 보고 사실을 밝히면서 논란이 시작된다.

이에 보건사회부는 연구 기관에 사실 여부를 의뢰한다. 국립정신병원장을 단장으로 한 정신과학회 조사단 일행이 현장을 방문 조사한 결과 12명 중 3명이 유전성 정신박약자인 다운증후군 환자임이 밝혀진다. 다른 1명은 새로운 유형의 다운증후군 환자이고, 5명도 유전적 결함이 있으나 정신 질환과의 관련성은 명확하지 않았다.[62] 이 조사에 근거하여 보건사회부는 모자보건법 제정 이후 첫 강제 불임 명령을 내린다.

이 문제를 주관하는 보건사회부의 모자보건관리관은 "인구가 기하급수적으로 늘고 있는데 우수한 민족을 보존하기 위해서는 악성 유전 질환자에 대한 강제 불임 시술은 당연한 조치"라고 주장한다.[63] 우생학 관점에 입각한 발언이었다. 실제 강제 불임 명령 발표 후 각

.....
15. 모자보건법 9조(불임 수술 절차 및 소의 제기)
1항 의사가 환자를 진단한 결과 대통령령으로 정하는 질환에 이환된 것을 확인하고 그 질환의 유전 또는 전염을 방지하기 위하여 그 자에 대하여 불임 수술을 행하는 것이 공익상 필요하다고 인정할 때에는 대통령령이 정하는 바에 따라 보건사회부 장관에게 불임 수술 대상자의 발견을 보고하여야 한다.
2항 보건사회부 장관은 우생학적 유전 방지라는 공익상 이유로 불임시술 대상자의 발견을 보고 받았을 경우 대통령령이 정하는 바에 따라 그 환자에게 불임 수술을 명령할 수 있다.
3항 보건사회부 장관의 명령을 받은 자가 불복이 있는 때에는 명령을 받은 날로부터 2주 이내에 그 명령의 취소를 요구하는 행정 소송을 제기할 수 있다.

계의 반대에 부딪힌다.

신경정신의학회는 강제 불임 시술 명령을 재고해 줄 것을 요구하는 건의문를 보건사회부에 제출한다. 정신 의학자들은 다음과 같이 밝힌다.[64]

보건사회부의 강제 불임 시술 명령 발표 후 서울 시내 병원에 입원 중인 28세 강박 신경증 환자가 충격을 받고 자식에게 정신 질환 유전을 두려워한 나머지 자신의 생식기를 면도칼로 자르려다 상처를 입는 자해 사건이 발생하는 등 정신 질환자들이 동요하고, 유전성 정신 질환은 10만 명 중 1명꼴로 희귀하므로 신중해야 한다.

한국가톨릭의사협회, 가톨릭병원협회, 한국행복한가정운동협의회 등 단체도 정면으로 반대 의사를 표명한다.[65]

정심원의 정신장애인에 대한 강제 불임 수술은 사회에 엄청난 파장을 가져왔다. 이후 강제 불임 문제가 수면 위로 올라온 적은 없는 듯한데, 해당 조문이 삭제된 이후에야 그동안 진행된 강제 불임 실태가 폭로된다.

정부가 강제 불임 조치를 명령할 수 있다는 모자보건법 9조 조문은 1999년 2월이 되어 삭제되었다. 정신 질환이나 장애를 자녀에게 물려주면 안 된다는 이유로 강제로 출산을 막은 인권 침해 흔적이 적어도 1999년까지 법률로 남았던 셈이다.[66]

같은 해 8월 19일, 김홍신 의원이 과거 정신장애인 수용 시설에서 법적 절차도 밟지 않고 실제 강제 불임 수술을 시행한 사례를 발견했다고 밝히면서 파장이 일었다. 전국 6개 수용 시설에 수용된 남

[표 1] 정신 지체 장애인 강제 불임 수술 현황

소재지	결혼한 부부	결혼 전 불임 수술		결혼 후 불임 수술		수술 시기
		남	여	남	여	
부산 연제구	1쌍	1				85-86
강원 춘천	2쌍	1				97
충남 보령	33쌍	32	25			83-89
전북 전주	7쌍	2		3		98
전남 곡성	1쌍	1				87
전남 목포	1쌍				1	87
총계	45쌍	37	25	3	1	

(자료 : 김홍신 의원)

자 40명, 여자 26명 등 66명의 원생이 지난 1983년부터 1998년까지 강제로 불임 수술을 받았다는 내용의 「장애인 불법 강제 불임 수술 실태와 대책에 관한 조사 보고서」를 발표한 것이다.[16] 여기서 밝힌 피해자 현황은 [표 1]과 같다.[67]

3일 뒤인 8월 22일, 강제 불임 수술 피해자 중 한 명인 유 모 씨가 기자 회견에서 피해 사실을 증언한다. 그는 1983년 광주 은성요양원 수용 중 강제로 불임 수술인 정관 수술을 받은 피해자다. 유 모씨 증언에 따르면 1982년 정신 질환을 앓아 부모에 의해 요양원에 수용되었는데 1983년 어느 날 갑자기 보건소 직원들이 나와 수술을 받으라 했다고 한다. 전체 백여 명 중 서너 명 빼고 모두 수술을 받

.....

16. 1998년 11월부터 1999년 8월까지 9개월 동안 조사한 결과, 전국 60개 정신 지체 장애인 시설 중 8개 시설에서 남자 48명, 여자 27명 등 총 75명의 정신 지체 장애인이 1983년부터 1998년까지 불임 수술을 받았다면서 장애인 시설 명칭과 피수술자 명단을 공개. 특히 6개 시설의 남자 40명, 여자 26명 총 66명은 강제 불임 수술이었다고 함

았다. 남자 원생들은 지하실에서 대기하다가 한 명씩 불려 올라가서 수술을 받았는데 그 중에는 17세 남자아이도 있었다. 사무실 침대에서 수술을 받았는데 반항하는 사람은 사지를 묶이거나 맞기도 했다.[68]

당시 강제 불임 수술에는 관공서가 조직적으로 관여한 것으로 보인다. 각 보건소에는 불임 수술 목표량이 할당됐으며, 실적 우수자에게는 표창, 해외 여행 등의 포상도 이루어졌다. 그래서 보건소는 집단 시술이 가능한 사회 복지 시설을 주로 찾아가 강제로 불임 수술을 시행한다. 집단 수용 시설을 대상으로 한 강제 불임 수술은 전국에서 진행된 것으로 보인다.[69]

1. 정영문, 「정신요양시설 운영현황과 기능 전환에 관한 연구」, 석사 학위 논문, 2002.6

2. 정영문, 같은 2002년 글

3. 정정엽, 『정신보건을 바라보는 또 하나의 시선』, 『정신의학신문』 2017.9.13

4. 이부영, 「한국에서의 서양 정신의학 100년」, 『의사학』 제9권 제2호, 1999

5. 김소민, 「최대한 안 보이게 밀어넣어!」, 『한겨레21』 2019.1.4

6. 김소민, 같은 2019년 글

7. 김소민, 같은 2019년 글

8. 김소민, 같은 2019년 글

9. 하금철, 「[하금철의 인권 이야기] 인권 침해가 아니다, '조용한 학살'이다!」, 『인권오름』 2016.12.7

10. 김소민, 같은 2019년 글

11. 김소민, 같은 2019년 글

12. 하금철, 「[하금철의 인권 이야기] 인권 침해가 아니다, '조용한 학살'이다!」, 『인권오름』 2016.12.7

13. 여준민, 「'잘 살아보세'에 가려진 가난한 사람들의 배제와 감금의 정책」, 『함께걸음』 2015.3.30

14. 정정훈, 「감금의 질서, 수용시설의 권력기술」, 『도시인문학연구』 제11권 1호, 2019, 113-141

15. 정정훈, 같은 2019년 글

16. 여준민, 같은 2015년 글

17. 여준민, 같은 2015년 글

18. 백상현, 「수양관 성장의 역사… 1910년 기도원 운동이 뿌리 70년대 전 · 후로 급격히 확산」, 『국민일보』 2010.11.5

19. 이경원, 「국내 기도원의 실태와 바람직한 기도원 상」, 『교회와 신앙』 1997.2.1

20. 임지연, 「1960-70년대 한국 정신의학 담론 연구-정신위생학에서 현대 정신의학으로」, 『의사학』 제26권 제2호(통권 제56호), 2017.8

21. 임지연, 같은 2017년 글

22. 기드온 동문들과의 만남의 장소(출처: http://m.blog.daum.net/_blog/_m/

articleView.do?blogid=0FRUu&articleno=11774601)

23. 『경향신문』 1973.1.8

24. 조해영, 「공영방송으로써 KBS의 가치 지켜야」, 『고대신문』 2013.5.26

25. 윤재석, 「늘어나는 환자 정신병 못 따르는 시설, 실태와 치료방법을 알아본다 김철규 정신병원장」, 『중앙일보』 1985.9.13

26. 백상현, 같은 2010년 글

27. 진민용, 「인권 파괴 현장 기도원, 충격」, 『뉴스앤조이』 2010.8.17

28. 서동우, 「정신보건의 역사적 변화 선상에서 본 우리나라 정신보건법의 문제와 개선안」, 『보건복지포럼』 2007.1

29. 정영문, 「정신요양시설 운영현황과 기능 전환에 관한 연구」, 석사 학위 논문, 2002.6

30. 『경향신문』 1992.5.28

31. 『한겨레신문』 1991.8.22

32. 『경향신문』 1991.8.7

33. 『한겨레신문』 1994.5.2

34. 하금철, 「재판도 없는 수인(囚人)의 삶, 부랑인 강제수용의 역사」, 『비마이너』 2017.7.10

35. 하금철, 「[하금철의 인권 이야기] 인권 침해가 아니다, '조용한 학살'이다!」, 『인권오름』 2016.12.7

36. 정정훈, 같은 2019년 글

37. 백재중, 「훈령 410호, 부랑인 대감금의 역사」, 『건강미디어』 2015.1.24

38. 김소민, 같은 2019년 글

39. 정희상, 「형제복지원은 법의 사각지대였다」, 『시사IN』 2018.10.17

40. 서중원, 「'부랑인'으로 지목된 자들, 국가-시민사회에 의해 추방되다」, 『비마이너』 2015.5.20

41. 정희상, 같은 2018년 글

42. 서중원, 같은 2015년 글

43. 김소민, 같은 2019년 글

44. 『동아일보』 1987.2.3

45. 임덕영, 「박정희와 전두환은 왜 '부랑인'을 겨냥했나?」, 『프레시안』 2013.6.12

46. 민성길 외, 「일제시대 조선총독부의원과 경성제대의 정신의학자들의 연구」, *J Korean Neuropsychiatr Assoc* 2015; 54(2): 142-171

47. 이부영, 「한국에서의 서양정신의학 100년」, 『의사학』 제9권 제2호, 1999

48. 민성길 외, 같은 2015년 글

49. 임지연, 「1960-70년대 한국 정신의학 담론 연구-정신위생학에서 현대 정신의학으로」,
『의사학』 제26권 제2호(통권 제56호), 2017.8

50. 임지연, 같은 2017년 글

51. 『경향신문』 1968.11.30

52. 임지연, 같은 2017년 글

53. 임지연, 같은 2017년 글

54. 서동우, 「정신보건의 역사적 변화 선상에서 본 우리나라 정신보건법의 문제와 개선안」,
『보건복지포럼』 2007.1

55. 「전환의 시대」, 『청년의사』 월간 24호, 1995.11.1

56. 박성준, 「국내 정신병원 '시설 질환'」, 『시사저널』 1991.12.26

57. 박성준, 같은 1991년 글

58. 『동아일보』 1964.3.11

59. 김태훈, 「아직도 남아있는 우생학의 그림자」, 『주간경향』 2018.10.22

60. 신영전, 「식민지 조선에서 우생운동의 전개와 성격: 1930년대 『우생(優生)』을 중심으
로」, 『의사학』 제15권 제2호(통권 제29호), 2006.12

61. 『경향신문』 1975.6.24

62. 『동아일보』 1975.6.30

63. 『경향신문』 1975.3.12

64. 『경향신문』 1975.6.26

65. 『경향신문』 1975.7.7

66. 김태훈, 「아직도 남아있는 우생학의 그림자」, 『주간경향』 2018.10.22

67. 『한겨레신문』 1999.8.20

68. 권정상, 「강제 불임수술 피해자 일문일답」, 『연합뉴스』 1999.8.22

69. 권정상, 같은 1999년 글

4장

정신 의료 권력의 등장

정신보건법 제정

정신 보건 관련 법률이 처음으로 제정된 것은 1995년이다. 해방 이후 50년이 지나서야 관련 법률이 제정된 셈이다. 그동안 정신장 애인은 법률의 대상이 아니었다. 법의 울타리 밖에 방치된 상태로 기도원이나 정신 요양원에서 쇠사슬에 묶여 지내야 했다. 세상은 이런 현실을 알면서 외면했다. 얼마나 많은 정신장애인이 쇠사슬에 묶여 발버둥치다 사망했는지는 아무도 모른다.

이전에도 법 제정 필요성 논의는 이어져 왔다. 정신장애인이 저 지른 폭력 사건이 언론에 보도되어 사람들이 불안하고 공포감에 빠 질 때면 관련 법률 필요성이 대두되었다. 사회 안전을 지키는 게 급 선무여서 이를 법제화할 필요가 제기된 것이다. 처음 논의가 있었 던 때는 1960년대다.

1967년 여름, 혹서 속에 정신장애인의 발작 증상이 심해지면서 사건들이 빈발한다는 여론이 생겨 당시 여당인 공화당과 보건사회부가 법안 마련에 나선다. 이전부터 법 제정 노력을 기울여 온 대한신경정신의학회는 1967년에 '정신위생법제정위원회'를 별도로 구성하고, 정신위생법 초안을 작성한 후 대한의사협회와 공동 심의하여 채택한 정신위생법안[1]을 1968년 9월 정부에 제출한다.

법안에는 ① 정신병 환자 신고 의무화 ② 국립 정신병원 시설 대폭 확장 ③ 정신 보건 상담소 설치 ④ 신고된 정신병 환자에 대해 정신과 의사가 범죄를 저지를 위험이 있다고 판단하면 지방 장관이 직권으로 수용소에 강제 수용 ⑤ 재판에서 정신병 환자로 인정되어 무죄 판결을 받은 자에 대해서도 치유될 때까지 수용소에 강제 수용한다는 내용이 담겼다.[1]

학회가 제출한 법률 초안에 따르면 정신장애인 또는 그렇다고 의심되는 자를 아는 사람은 누구나 정신 위생 감정을 받도록 신청할 수 있었다. 환자의 강제 수용은 본인 동의 없이도 가능하도록 명시되었다. 이것은 일본 법안을 참고한 초안이었는데, 환자의 자율권과 인권에 관한 고려는 턱없이 부족했다. 이에 대한 의사들의 비판도 별로 없었다.[2]

정신 의학계는 국가 차원의 의료 시설, 교육 시설, 복지 시설 확충을 요구했다. 여기서 환자는 잠재 범죄자인 동시에 보호받을 인격체로, 이중 의미를 갖는 존재였다. 하지만 정신장애인에 의한 살인 등 강력 범죄가 계속 보도되면서 정신위생법이 의제로 떠오른 것을 고려하면, 환자는 치료를 받아야 할 인격체라기보다 사회로부

.....

1. 일본이 1950년 제정한 '정신위생법'에서 따온 이름

터 분리시켜야 할 잠재 범죄자로 인식되었을 것이다.[3] 우여곡절을 겪다가 이 법률안은 결국 폐기되고 만다. 정신 보건에 대한 국민의 인식 부족과 재정 지출이 곤란하다는 점이 법안 보류 이유였다.[4]

이후 정신 보건 분야는 계속 무법 상태였다. 정신 의학계를 중심으로 법률 제정 요구는 계속되었다. 1975년 9월, 대한신경정신과학회는 "엽기적인 살인 사건이나 미성년 추행, 살해 등 충격적인 범죄 사건의 범인은 정도의 차이는 있으나 정신 분열증, 이상 성격(사이코), 정신 박약, 조울증 등 정신 질환자들이라고 분석, 범죄 예방을 위해 법 제정과 함께 이들을 수용할 병원 시설이 시급하다"고 주장한다.

1975년 당시 학계에서 추정하는 전국의 정신 질환자는 60만 명으로 이 중 약 16만 명을 입원 대상으로 상정하였으나 실제 입원 가능한 정신 병상 수는 3천 정도였다고 한다. 보건 당국은 한정된 예산으로 급, 만성 전염병 예방 및 치료 사업에만 매달려도 부족한 상황이었다. 정신장애인들을 적극적으로 수용, 보호하는 문제는 엄두도 못 내는 상황이었고 실제 보건사회부에 이 문제를 다룰 부서조차 없는 실정이었다.[5]

이런 요구에 대해 박정희 군사 정부는 정신 보건 법률을 제정하는 대신 1975년 12월 「훈령 410호」를 발령하여 부랑인 대단속과 감금 방식으로 문제를 해결하려 한다.

1983년, 한 기도원에 수용된 정신장애인의 인권 실태를 고발한 「추적 60분」 보도로 정신장애인에 대한 사회적 관심이 고조되었다.

이후 정부는 정신장애인에게 최소한의 인권 보장과 체계적인 정신
보건 서비스를 제공하겠다며 1984년 10월에 「정신 질환 관리 종합
대책」을 수립한다.

1985년에는 정신보건법 제정을 위해 정부안이 국회에 제출되었
으나, 강제 입원 중심 법안은 인권 침해 소지가 있다는 여론이 인다.
결국 1986년 12대 국회 회기 종료 후에 자동 폐기되었다.[6] 이 안은
1986년 아시안게임과 1988년 올림픽을 앞두고 부랑인 일소 정책과
맞물린 정신장애인 수용 중심 안이었다.[7]

1990년에도 국회에서 정신보건법 제정 움직임이 활발히 진행되
었다. 법률 시안이 제시된 후 인권 침해에 악용될 우려가 있다는 점
에서 의료계 일각에서는 반대 움직임이 일었다. 인도주의실천의사
협의회는 '자의적인 인신 구속의 가능성이 있고 정신 건강에 대한
정부의 재정 책임 규정이 전혀 없으며 전근대적인 수용 시설을 양
성화한다'는 점을 들어 정신 보건 법안 반대 견해를 발표한다.

어느 나라 정신보건법에도 유례가 없는 '공공질서 유지에 위해를
끼칠 우려가 있는 자'라는 항목을 붙여 놓아 정치범 강제 수용 등
인권 유린에 악용될 수도 있음을 지적하였다.[8] 결국 법안은 통과되
지 못한다.

1991년 10월 세상에 분노를 품은 20대 젊은이가 서울 여의도에
서 차를 몰고 질주하다 2명을 죽게 한 '여의도광장 질주 사건'. 그리
고 대구에서 30살 영농 후계자가 술을 안 주고 무시한다는 이유로
나이트클럽에 불을 지른 '거성관 나이트클럽 방화사건'이 일어난다.

이 두 사건 모두 정신 질환과 무관한 사건이었음에도 김기춘 당시 법무부 장관은 정신장애인에 의한 범죄를 예방한다는 목적으로 격리 입원을 핵심으로 하는 법 제정 필요성을 강조하였다.

이후 법 제정 논의가 급물살을 탄다.[9] 1991년 11월 28일 열린 국무회의 석상에서 "범죄와의 전쟁 차원에서 정신보건법을 다시 추진하겠다"고 밝힌 김기춘의 발언은 학계와 관련 단체의 강한 반발을 불러일으킨다. 정신보건법이 법무부에서 제기되었다는 사실 자체가 문제였다.[10]

다음 해인 1992년 1월 보건사회부는 정신보건법 입법 재추진 계획을 발표하였으나 이전과 마찬가지로 많은 논란이 일었다.[2] 우여곡절 끝에 11월 국무회의의 심의를 거쳐 제14대 국회에 제출되었다.[11] 그러나 이 법안 또한 강력한 반대에 부딪히면서 절충에 실패해 결국은 상임위원회의 심의를 통과하지 못한다.

그 후 민주 정부 수립, 경제 성장, 인권 의식 발전 등에 힘입어 다시 국회에서 논의되기 시작한다. 정신 보건 전문가들의 의견을 수렴하고 수정, 보완하여 마침내 1995년 12월 30일 정기 국회 본회의를 통과하였다. 이후 1996년 12월 31일 시행령이 공포되고 1997년 2월 24일 시행 규칙이 공포되기에 이른다.[12]

1997년 효과적인 정신 보건 정책의 추진을 위해 중앙 정부에 정신 보건 복지 서비스의 기획과 추진을 담당하는 정신 보건과가 출

.....
2. 한국기독교교회협의회 인권위원회, 민주화를위한변호사모임, 인도주의실천의사협의회, 민주화실천가족운동협의회 등 4개 재야 인권단체는 "보사부가 제시한 법안에는 지난 1985년 당시의 법안과 다름없이 강제 입원이 가능토록 하는 등 인권 침해 독소 조항이 남아 있다"고 반대 의견을 표명하고 저지하기로 결의했다고 밝힘 (『한겨레신문』 1992.4.23)

범하였다.[13] 1999년에는 정신장애인에게도 장애인 혜택을 주도록
'장애자보호법'을 개정하는 등 변화가 있었다.[14]

이 정신보건법은 1995년 제정된 일본의 정신보건복지법 이전 법
인 정신위생법 영향을 많이 받았다. 정신위생법은 1950년대에 만들
어진 법률이다. 아마 우리나라 여건이 일본과 너무 차이가 났기 때
문에 정신위생법이 가장 타당하다고 판단한 듯하다. 보호 의무자에
의한 입원 제도가 일본 정신위생법에서 따온 주요 내용이다.[15]

여기서 잠시 일본의 정신 건강 관련 법률과 정책의 변화를 살펴
보자. 일본은 비교적 일찍 정신 보건 관련 법이 제정되어 시행되었
다. 그리고 여러 차례 제·개정을 통해 나름대로 발전해 온다. 대략
1-3기로 구분하고 평가한다.[16]

제1기는 1950년 정신위생법 제정 이전 시기로, 이때의 정책은 치
안 모델이라 불린다. 가족이 정신장애를 유발하는 원인으로 간주되
어 가족들에게 정신장애인에 대한 법적 보호 의무를 부과하는 사적
감호 조치가 공인되었으며, 정신병원은 사회로부터 정신장애인을
격리 수용하는 역할과 지역의 공공 안정을 유지하는 시설 기능을
수행하였다.

제2기는 1950년 정신위생법 제정에서 1988년 정신보건법 제정
까지 시기로, 이때의 정책은 공중 위생 모델로 불린다. 정신장애는
병이며, 병원에서 의사에 의해 치료받아야 한다는 인식을 토대로
전국 규모로 정신병원 정비가 이루어졌다. 정신장애인 치료와 보호
가 정책의 대원칙이 되었다. 지역에서 질병을 발견하고 조기 치료

를 통해 사회 복귀까지 연속성을 확보하는 전염병 관리 모델이 정신장애인 관리에도 적용되었다.

1950년 정신위생법이 제정되면서 이전의 정신병자감호법(1900년)과 정신병원법(1919년)은 폐지되었으며 사택감치는 1년 유예 후 폐지된다. 이즈음 전국 각지의 정신 위생 감정의들[3]은 사택감치 환자를 방문, 정신 감정을 실시하여 이들을 감치실로부터 해방, 정신병원에 입원시키는 작업으로 분주했다. 그러나 정신감정에 대해 환자와 가족들의 거부감이 강하고, 입원시켜야 하는 정신병원들의 수용 준비가 부족하여 장기간 감치되었던 환자에게는 후유증이 나타나는 등, 사택감치 폐지를 둘러싸고 혼란이 발생했다.

일본은 전쟁 후 정신병원 병상 수를 늘리는 정책을 추진하였다. 이에 일본의 정신 병상 수는 1955년 4만 4천에서 1987년 34만 5천 이상으로까지 확대된다. 이 추세는 1990년대 초반까지도 계속된다. 이처럼 정신병원이 확대된 것은 정신장애인이 130만여 명에 이른다는 1954년 실태 조사에 근거하여 병상 공급 확대 정책이 수립되고 다양한 혜택이 제공되었기 때문이다. 특히 사립 정신병원이 급속도로 증가하였다.

1960년대 서구에서 시작된 탈시설 분위기에 따라 일본에서도 수용 위주 정책에 대한 사회 내 반성도 조금씩 시작되었다. 그러다 이때 발생한 '라이샤워 사건'[4]은 이런 분위기에 찬물을 끼얹는 계기가 된다. 이 사건 이후 정신장애인을 예비 범죄자로 여겨 정신병원에

......

3. 환자의 강제 입원을 판정하는 자격을 정부로부터 인정받은 정신과 의사
4. 1964년 주일 미국대사인 라이샤워가 대사관 문 앞에서 19세 조현병 소년에게 칼에 찔려 중상을 입는 사건

수용하려는 경향이 강화된다.[17]

일본의 경우 정신 병상이 매우 많을 뿐 아니라 30만 명이 넘는 입원 환자 중에서 3분의 2가 1년 이상 장기 입원 환자다. 이러한 추세는 1960년대 이후 정신병원 병상을 축소해 나가던 유럽이나 미국과는 사뭇 다른 양태를 보인다.

제3기는 정신보건법이 제정된 1988년부터 1995년 '정신보건 및 정신장애인복지에 관한 법률(정신보건복지법)'로 개정 그리고 2000년 개정 진행까지 시기다. 이 제3기의 정책은 통합적 생활 모델이라고 불린다.

1984년 '우츠노미야 사건'[5]의 영향으로 1988년 정신보건법이 제정되는데 이 법에 따라 처음으로 정신장애인의 인권을 강조하고 정신장애인의 탈시설화와 지역사회 복귀에 초점을 맞춘 정책들이 입안된다.[18] 더 나아가 1995년에는 정신장애인의 복지를 강조한 '정신보건복지법'이 제정되며[6] 개정 법률의 미비점을 보완하기 위하여 1999년에 다시 개정하는 과정을 거쳤다.

정신장애인은 단지 환자가 아니라 생활 주체자로서 지역사회에서 자립 생활을 유지하도록 지원하는 사회 체계를 형성하려는 정책 목표가 설정되었다. 이 시기는 정신보건복지법 시대라고도 불리며

.....

5. 우츠노미야 정신병원에서 간호 직원의 폭력으로 두 명의 환자가 사망한 사건으로 정신병원에서 폭력이 일상적이라는 사실이 드러남. 1980년대에서 1990년대에 걸쳐 정신병원에서 환자 인권 침해 사례가 연이어 폭로됨

6. 주요 내용은 다음과 같음. 첫째, 정신장애인 인권 보호의 강화를 위해 정신 의료 심사회의 기능과 정신 보건 지정 의사의 역할 강화. 둘째 긴급 입원이 필요한 정신장애인의 이송에 관한 제도 신설. 셋째, 정신장애인 보호자들에게 강제되던 피해 방지 감독의 의무를 해제하고 정신장애인에게 부과되던 치료받을 의무를 면제. 넷째, 정신장애인들에 대한 복지 강화를 위하여 정신 보건 복지 센터 기능을 확충하고, 사회 복귀 시설에 정신장애인 지역 생활 지원 센터를 추가. 재가 복지 사업에서 주거 시설에 추가하여 거택개호(홈헬퍼)와 단기 입소 사업을 신설하였고 정신장애인 보건 복지에 관한 시정촌의 역할을 강화

장기 입원 환자의 감소, '장애인 고용촉진 등에 관한 법률'에 의한 고용 증가, 보호자 제도의 폐지, 권리 옹호 제도의 확립, 대안적 서비스 확산 등이 추진된다.[19]

우리나라에서도 우여곡절 끝에 1995년 최초의 정신 보건 관련 법인 '정신보건법'이 제정된다. 강제 입원 제도가 법적으로 도입되고 불법 시설 양성화 조치들이 취해진다. 지역사회 정신 보건을 담당할 핵심 기관으로 정신 보건 센터 설립을 본격적으로 추진할 기반이 마련된 셈이다.

정신보건법은 이전의 무허가 기도원과 정신 요양원 중심의 불법 수용에서 합법적인 정신병원과 정신 요양 시설로의 환자 이동을 촉진한다. 그러나 이 이동은 기본적으로 비자의 강제 입원에 의한 억압 방식에 의해 이루어진다. 정신보건법에 비자의 입원 규정이 조문으로 들어가고 조건이 상세히 규정되면서 사실상 강제 입원을 조장하게 된다.

정신보건법 제정 이후 기도원과 요양소의 빈 공백을 정신 병상이 채워 나가는 한편 강제 입원이 제도적으로 보장되면서 정신 병상이 급격히 증가한다. 새로운 형태의 수용과 격리 환경이 조성되고 증가하는 수요를 맞추기 위해 정신 병상도 가파르게 증가한다.

격리, 수용되는 시설의 합법성, 수용 환경에서 일부 개선이 이루어지기는 하지만 기본은 계속 강제 수용 방식이었다. 시설 자체가 병원 중심으로 바뀌었을 뿐이다. 이러한 조건에서 합법성과 전문성을 갖춘 정신병원들을 중심으로 새로운 정신 의료 권력을 형성하게 된다.

지역사회 재활을 위한 인프라가 없는 상태에서 정신 병상 중심 시설이 확대되면서 오히려 시설로 환자가 집중하는 경향을 보이기 시작한다. 정신보건법은 정신장애인을 사회 위험 요소로 보고 '격리시키는 정책'뿐만 아니라 '적절한 치료를 받을 수 있는 정책' 또한 포함시켰다.

그러나 결과적으로 정신보건법 제정 이후 강제 입원에 따른 정신 의료 기관 병상의 급격한 증가, 장기 입원, 입·퇴원 및 치료 과정과 관련된 정신장애인 인권 문제 발생 등이 격리 정책으로 수렴되었다. 어쩌면 통제와 치안을 목적으로 하는 법안이 제정된 배경에서부터 정신장애인의 권리는 사라질 수밖에 없었다.[20]

정신 병상의 확대

정신 병상은 1980년대 중반 이후 증가 추세를 보이다가 정신보건법이 제정되면서 더 빠른 속도로 증가하기 시작한다. 정신보건법은 정신 병상 확대의 법적 근거를 제공한 셈이다. 많은 대형 정신병원과 정신 요양 시설[7]이 탄생했다.

1984년 이후 2001년까지 17년 동안 우리나라 인구는 18% 증가에 그치지만 전체 정신 병상 수는 1984년 14,456개에서 2001년

.....
7. 1995년 정신보건법에는 '정신 요양 시설'이라는 명칭이 없었음. 처음으로 '정신 요양 시설'이라는 명칭이 나오고 설치·운영 등에 관해 규정한 것은 1997년 12월 31일에 전부 개정된 정신보건법 (시행 1998.4.1)

60,733개로 무려 4.2배 증가했다.[21] 병상 증가 추세는 2010년대 중반까지도 계속되는데 2014년 기준 정신 요양 시설을 제외한 정신병상 수는 총 83,711개였으며, 이 중 국공립 정신병원의 병상 수는 7,351개로 8.8%에 불과하였다.[22]

지역사회 정신 보건에서 중요하다고 생각되는 일반 병원 내 개방 병동 또는 소규모 폐쇄 병동의 증가분도 있기는 하다. 대부분은 대형 사립 정신병원들 그리고 이와 유사하게 운영되는 병원 내 정신과 병상 증가였기 때문에 바람직하지 않은 현상이다. 중소병원이 경영난 타개 목적으로 기존 일반 병동을 의료급여 정신장애인을 주 대상으로 하는 정신과 병동으로 전환하거나 증설 운영하는 경우가 많아진 것이다.[23]

상대적으로 규모가 작은 정신과 의원의 입원 병상은 1984년 1,091병상에서 2000년 2,245병상으로 2배 증가에 그쳐 모든 정신 의료 기관 중 가장 낮은 증가율을 보였으나, 2001년 3,621병상으로 증가 속도가 두드러졌다. 2001년 이전에는 정신과 의원에서 의료급여 환자의 입원이 제도적으로 금지되었던 것과 지역사회에서 정신과 병동을 운영하기가 주민 편견과 규모의 경제 등을 이유로 쉽지 않았기에 정신과 의원 입원은 활성화되지 않았다. 그러다 의료급여 환자의 입원이 가능해지고, 의약 분업 이후 외래 환자만으로는 의원 경영이 어려워서 입원 병동을 운영하기 시작한 의원이 증가한 것과 정신과 의사 여러 명이 공동 개원하는 경우가 증가하면서 입원 병상이 증가한 것으로 보인다.[24]

이들 소규모 정신과 의원급 입원 병동의 조건도 열악하기는 마찬가지였다. 정신 병상 실태 조사에 참여했던 국가인권위원회 한 조사관의 진술에 따르면 1차 의원급 정신병원은 도심의 한복판에 치과나 정형외과처럼 아무렇지 않게 자리 잡고 있으나 그 안에서 어떤 일이 벌어지는지는 근처 주민들도 잘 알지 못한다고 했다. 폐쇄 병동에 입원한 환자들은 건물 밖으로 단 한 발자국도 나갈 수 없으며 기껏해야 산책 시간에 옥상 공간을 밟을 수 있는 정도라 했다.[25]

비인가 시설에 있거나 집에 방치되었던 상당수의 정신장애인이 정신 의료 기관 외래 또는 입원을 통해 치료 받게 되면서 치료 접근성이 상당히 개선된 측면도 있다.[26] 이전 기도원이나 정신 요양원의 극심한 학대나 인권 침해는 감소한다. 그러나 시설 수용 자체의 한계를 벗어날 수 없었고 입원이 대부분 강제로 이루어졌다는 점에서 인권 침해 논란은 끊이지 않는다.

정신병원은 우리 사회 난감한 문제를 간단히 해결해 주는 공간이 되었다. 가난한 정신장애인들의 거주 시설이기도 하고 골치 아픈 비행자들로부터 가족과 사회를 보호해 주는 감호소로 자리매김하게 된다.[27] 그러나 정신장애인에게 가장 중요한 공간인 정신병원의 장기 입원과 강제 입원이라는 부정적 모습이 부각되면서 시설이 갖는 근본 한계를 드러낸다.

2016년 입원자 중 3분의 2 정도가 비자의 강제 입원에 해당되었다. 자의 입원이라고 해도 따로 갈 곳이 없거나 6개월 입원 후 계속 입원 심사 때면 가족 설득에 따라 다시 자의 입원하는 경우가 많았다. 입원 환자의 평균 재원 기간은 247일이다. 스페인 18일, 독일 24.2일, 이탈리아 18일, 프랑스 35.7일, 영국 52일 등 유럽 국가에 비교해 장기 입원이 보편화한 셈이다.

정신병원이 일반적으로 정신 요양 시설보다 처우 조건이 더 열악한데도 남는 이유는 정신과 증상이 심하지 않아도 부모에 의한 강제 또는 자의로 사실상 거주 목적 입원이 가능하기 때문이다. 정신병원 운영자가 가족을 설득하여 환자를 의료 수급 대상자로 바꾸면, 가족은 입원비 걱정을 안 하고 병원은 정부로부터 의료 수급비를 받게 된다. 병원은 장애인복지법에 규정된 제반 권리, 권리 옹호 지원, 시설 서비스 최저 기준 등을 면제받을 수 있으며 정신건강복지법이 허용한 약물, 격리, 강박을 활용하여 관리의 편리성을 극대화할 수 있다.[28]

● **정신 요양 시설의 변화**

정신보건법 제정 이후 정신병원과 더불어 정신장애인을 수용하는 양대 시설 중 하나가 정신 요양 시설이다. 정신 요양 시설은 치료 목적 병원도 아니고 지역사회 재활, 직업 교육 기관도 아닌 채 중간의 애매한 위치에 있는 독특한 시설이다. 과거 무허가 시설을 양성화하는 과정에서 불가피하게 생겨났다.

정신 요양 시설은 1984년 이후 여러 해 동안 약 40개에 달하는 무허가 시설 양성화에 따라 급격히 증가하여 1990년대에 17,000여 병상에 이르게 된다.[8]

.....

8. 1990년 이후는 신설되는 정신 요양 시설이 거의 없어 정원 증가가 미미

1995년 정신보건법 제정 이후 정신 요양 시설은 정신 보건 시설로 분류되어 정신보건법과 사회복지사업법, 두 법의 적용을 받는다. 정신 보건 시설이자 사회 복지 시설이 되었으나 정신 요양 시설을 과거와 같이 운영해서는 안 되겠다는 공감대가 형성되어 약 7년의 유예 기간을 두고 정신 요양 병원과 사회 복귀 시설로 전환되도록 하였다.

정신보건법에 의거 일부 정신 요양 시설이 정신 요양 병원을 거쳐 정신병원으로 전환되었고,[9] 1개의 정신 요양 시설이 사회 복귀 시설로 전환되어 1996년 말 총 78곳이었던 정신 요양 시설이 2002년에 55곳으로 줄어들었다.[29] 이후 정신보건법 개정으로 정신 요양 시설의 정신병원 전환은 불가능해지면서 시설 규모에서 큰 변화가 생기지 않는다.[30]

무허가 시설에서 양성화되거나 사회 복지 시설로 출발한 일부 정신 요양 시설에서는 인권 침해 사례와 회계 비리 사건 등이 발생하기도 한다. 법인 재정의 비합리적 운영, 사회 복지 이념의 부족, 정신 질환에 대한 이해 부족 등에 따른 사건들이다.

정신 요양 시설은 수용 중인 정신장애인의 난폭성 등이 강조되어 폐쇄적으로 운영되었으며, 이러한 폐쇄성 속에서 자기 권리를 주장하기 어려운 정신장애인의 특성상 다양한 인권 침해 사례 등이 사회 문제로 제기되어 왔다.[31]

정신 요양 시설의 기능 전환은, 정신 의료 기관과 비교하여 정신

.....

9. 1997년 정신보건법 개정 당시 정신 요양 병원으로 전환 중인 정신 요양 시설이 정신병원으로 전환할 수 있다고 한 부칙에 의해 1999년 말까지 21개 정신 요양 시설이 정신병원으로 전환됨

의료 서비스, 재활 서비스, 인권 보호 등을 보완하고, 정신 보건 서비스 전달 체계의 효율성을 높이는 측면에서 논의가 이루어진다. 치료 기능을 중요시하면 정신병원으로 전환하는 것이 바람직하며, 직업 재활이나 주거 시설의 기능을 중요시하면 개방형 거주 시설이나 사회 복귀 시설로 전환됨이 바람직하다.

정신 요양 시설에서도 입원 기간이 길기는 마찬가지다. 2014년 8월 정부가 국회에 제출한 '정신 요양 시설 장기 입원자 현황' 자료를 보면([표 2]) 59개 시설 전체 수용자 10,951명 중 5년 이상 비율이 7,608명으로 69.5%에 이른다. 그리고 가족 등 '보호 의무자'에 의한 입원이 6,476명(59.1%), 시군구청장에 의한 입소가 3,351(30.5%)로 타인에 의한 강제 입원 비율이 90%에 이른다. 정신 요양 시설 내 인권 침해 진정 건수는 2009년 402건에서 2013년 1,266건으로 3배 이상 늘었으며, 5년 동안 총 6,841건에 달한다.[32]

2018년 5월 국가인권위원회는 「중증·정신장애인 시설 생활인 실태조사」 결과를 보고한 바 있다. 조사는 중증 장애인 거주 시설

[표 2] 정신 요양 시설 장기 입원자 현황

구분	계	5년 미만	5-10년	10 -15년	15 -20년	20 -25년	25 -30년	30 -35년	35 -40년	40년 이상
생활자 수(명)	10,951	3,343,	2,123	2,301	1,139	774	744	363	138	26
비율(%)	100	30.5	19.4	21.0	10.4	7.1	6.8	3.3	1.3	0.2
누적 비율(%)		100	69.5	50.1	29.1	18.7	11.6	4.8	1.5	0.2

45개와, 정신 요양 시설 30곳을 무작위로 추출해 2017년 7월부터 10월까지 진행했다.

정신장애인 시설 생활인의 경우 비자의 입소 비율이 62.2%, 입소 당시 사전 설명을 듣지 못한 경우 45.5%, 입소 계약서에 직접 서명하지 않은 경우 44.6%였다. 생활인의 59.7%가 퇴소를 희망하였는데도 34.5%는 자신에게 퇴소 권리가 있다는 사실 자체를 알지 못하고 있었다. 51.5%는 지역사회에서 서비스 받을 권리를 갖고 있음을 안내받은 적이 없다고 하였다. 그리고 1개 숙소를 6명 이상이 함께 사용하는 경우가 대다수였다.

정신 요양 시설에서 '반 개방' 시설은 입소자들의 층간 이동마저 통제하고, '개방' 시설도 층간 이동만 허용하지 울타리 바깥으로 출입은 허락 없이 불가능했다. 거주인 대부분 개인 휴대전화를 갖지 못하거나 자기 소유 금전을 자유롭게 사용하지 못하는 등 자기 결정권에 상당한 제약을 받는 것으로 나타났다.[33]

2011년 장애인 생활 시설 정원을 30인 이하로 제한하도록 '장애인복지법'이 일부 개정되면서 그후 설립되는 시설은 대체로 30인 이하로 규모가 작아졌다. 그러나 정신 요양 시설은 수용된 사람이 누구든 장애인복지법이 아니라 정신건강복지법 적용을 받으므로 30인 제한 규정에 저촉되지 않는다. 정신병원과 마찬가지로 수용 인원에 제한이 없고 격리, 강박, 노동 등 장애인 시설에서는 법적으로 금지된 행위도 제한적으로 시행 가능해 인권 침해 여지가 크다.[34]

정신보건법이 제정되고 법률 근거가 마련되자 정신 의료 기관과 정신 요양 시설이 중요한 역할을 담당하게 된다. 그러나 여전히 합법 테두리를 벗어나 불법으로 운영되는 시설들이 많았다. 이런 곳은 시설 환경이 열악하고 인권 침해도 잦았다.

보건복지부가 2002년 6월부터 석 달 동안 시행한 '미신고 복지시설 실태조사' 결과에 따르면, 전국 1,008개의 미신고 시설이 노인과 아동 등 17,170명을 수용하였으며, 이 중 정신장애인 시설은 21개로 907명을 수용하였다.[35] 이 시설들로부터 2005년 7월 31일까지 신고 시설로 전환하겠다는 조건부 신고를 받은 바 있는데 이 중 신고 시설로 전환한 곳은 2005년 4월까지 26곳에 불과했다. 반면 2004년 한 해만 64개의 '미신고 시설'이 생겨났다. 이 '미신고 시설'의 장애인은 거의 가족이 입소시켰다. 의뢰 가족은 병원이나 정신병원, 정신 요양 시설들을 전전하다 매달 40만 원 정도 위탁금을 지불하면서 어쩔 수 없이 입소시키는 경우가 대부분이었다. 그러나 무엇보다 큰 문제는, 미신고 시설이 행정 관청의 관리 감독 사각 지대에 있어, 언제나 심각한 인권 침해 가능성이 있다는 점이다.[36]

정신보건법이 시행되고 나서도 정신장애인 시설에서 인권 침해 관련 언론 보도는 계속 이어졌다. 과거 관성이 그대로 이어졌다고 볼 수도 있고 시설의 문제, 운영자들의 인권 의식 한계를 드러내는 측면도 있었다.

몇 사례를 여기 기록으로 남긴다. 여기 나오는 사례들은 언론을 통해 사회에 알려진 경우들이다. 드러난 내용들이니, 극히 일부일 것이다. 대부분 사회 복지 시설이거나 기도원 현장이다. 그렇다고 정신병원이 문제가 없다는 얘기가 아니다. 사회 복지와 종교의 허울 속에 자행되는 인권 유린은 정신장애인 수난의 역사에서 어둡고 짙은 그림자로 남았다.

장항 수심원

대표적인 사례가 장항 수심원 인권 유린 사건이다. SBS 「그것이 알고 싶다」는 1992년과 1997년, 서해안의 섬 유부도에 위치한 정신장애인 수용 시설 수심원의 문제를 고발한다. 수심원은 1974년 설립된 정신장애인 수용 시설이다.

제작팀이 수심원에 대한 제보를 받고 처음 유부도를 찾아갔을 때, 직원들과 거친 실랑이 끝에 어렵게 수심원 안으로 들어갈 수 있었다. 그렇게 들어간 철창 안은 비극 그 자체였다. 화장실도 따로 없는 독방에 한 달을 갇힌 사람도, 10년 동안 빨지 않은 이불을 덮고 고열에 시달리던 원생도 있었다. 칸막이 없는 화장실을 쓰며 최소한의 인권조차 박탈당한 채로 살아가던 그들. 오래도록 제작진을 경계하던 그들이 어렵게 다가와 전해준 한마디는 절박했다. 지금 당장 구해달라는 말이었다.[37]

정신장애인들은 섬에 갇혀 지내면서 주민들이 운영하는 염전 노동이나 농사, 각종 마을 잡역에 보조 인력으로 동원되었다. 구타는 일상이었고 수갑으로 묶어놓기도 했다. 동료를 폭행했다는 이유로

48일 동안 독방에 가두기도 했다.[38]

수심원의 실체가 방송을 통해 알려진 후, 전국이 들썩였다. 보건복지부는 한 달 뒤, 해당 시설의 폐쇄를 신속히 결정한다. 폐쇄된 후 이곳에 있던 사람들은 여러 지역의 정신장애인 시설로 분산 수용된다. 일부는 외상후스트레스장애로 자살하거나 병사, 고독사 또는 행방불명되었다고 한다.

2016년 「그것이 알고 싶다」 후속 방송은 수심원이 한 원생에게 다른 원생을 때려죽이도록 살인 교사했다는 증언을 보도하였다. 그러나 공소 시효가 지나 살인과 살인 교사에 대한 처벌은 이루어지지 않았다.

할렐루야기도원

1994년 1월 22일, 25살 정신장애인이 새벽기도 시간을 틈타 발목에 쇠사슬을 단 채 전남 여천시의 할렐루야기도원을 탈출, 인근 고층 아파트에서 떨어져 숨지는 사건이 발생한다. 이 기도원은 이전에도 쇠사슬에 묶인 채 금식과 안식 기도를 받던 수용자들이 종합병원에 실려 가 숨지는 사고가 났던 곳이다.

당시 여수, 순천 등 전남 동부 지역에 있는 기도원만 10여 군데였다. 이들 기도원에는 정신장애인들이 10여 명에서 20여 명씩 소규모로 수용되었다. 대부분 열악한 환경에서 쇠사슬에 묶인 채 감금되어 있었다.[39]

양지마을

양지마을은 충청남도 연기군 전동면에 위치한 사회 복지 법인 천성원 산하 부랑인 재활 시설이다. 천성원은 1958년 대전 삼성동에서 충남농아학교를 설립한 이후로 대전 지역에서 자강원, 평강의 집, 해뜨는집 등 사회 복지 시설 여럿을 소유하였다. 양지마을은 천성원 소속으로 같은 울타리 안에 양지요양원과 정신장애인 수용 시설인 송현원이 같이 있었다. 1998년 7월, 이 양지마을이 언론에 등장한다. 아래는 당시 MBC뉴스 보도 내용이다.[40]

충남 연기군 전동면의 사회 복지 시설 양지마을, 부랑인과 정신 질환자 등 800여 명이 수용돼 있습니다. 최근 출소한 20여 명은 숱한 폭행과 협박에 시달렸던 이곳에서의 수용 생활이 바로 생지옥이나 다름없었다고 증언하고 있습니다. 지난 16일 퇴소한 20여 명은 오늘 기자회견에서 감독 직원들의 지시를 따르지 않을 경우 상습적으로 폭행을 당했다고 폭로했습니다.

"사정없이 패 가지고 제가 주로 머리로 커버했는데 머리를 잡은 손이 풀리니까 심지어 머리통까지 때렸습니다." 요양은커녕 수익 사업이라는 명목 아래 하루 10시간 이상 쇼핑백이나 공을 만드는 등, 강제 노역에 시달렸다고 주장했습니다. 더구나 일부 수용자들은 천안이나 조치원역이나 파출소 근처에서 엉겁결에 양지마을로 끌려왔다고 말했습니다.

"파출소 문 앞을 딱 나오니까 어떤 조그만 탑차가 있는데, 딴 데로 가는 줄 알았는데 거기다 나를 반짝 들어서 싣고서는 밤에 쭉 가는데…."

속옷을 보름에 한 번쯤 갈아입을 수 있었고, 심한 경우 쌀을 아낀다며 일요일마다 세 끼를 수제비만 먹는 등 법인 측의 정부 지원금 횡령 의혹을 제기했습니다.

이 사건이 언론에 보도되고 보건복지부가 긴급 실태 조사를 벌인다. 검찰은 의혹이 제기된 강제 노역, 납치, 암매장, 성폭력 등에 대해서는 기소조차 하지 않았고 재판을 거듭하다가 책임자 징역 10월이라는 가벼운 처벌에 그친다.

사건 발생 1년 뒤, 양지마을 출소 원생 22명은 다시 국가를 상대로 손해배상 청구소송을 제기한다. 국가의 관리 감독이 철저했다면 이런 인권 유린은 없었을 것이어서 국가가 먼저 책임 배상하고, 나중에 구상권을 행사하라는 취지였다.[41]

안내기도원

1999년 충청북도 옥천의 안내기도원 맨 위층 24명 원생이 수용된 6개 방에는 창문을 찾아볼 수 없다. 대낮인데도 전깃불을 켜지 않고는 한 치 앞을 볼 수 없었다. 한 평 반 남짓한 비좁은 방마다 4명씩 정신장애인과 알코올 중독자가 뒤엉켜 누워 있었으며 여기저기 퀴퀴한 악취가 진동하였다. 특히 맨 끝 방은 철제 이중문 독방으로 말을 듣지 않는 원생의 '징벌방'이었다.

이곳에는 정신장애인 27명을 비롯하여 알코올 중독자 10명, 치매 환자 10명, 중풍 환자 3명 등 모두 50명이 수용된 상태였다. 하루

2차례 모여 예배를 보는 것이 치료 아닌 치료의 전부였다.[42]

성람재단

성람재단은 1982년 '동호어린이집' 설립에서 시작된다. 1984년 서울 종로구에 있는 한 빌라에서 정신장애인 몇 명을 수용하면서 사회 복지 사업에 본격 뛰어든다. 1988년 서울올림픽을 앞두고 당시 정부의 빈민층, 혐오 시설 격리 정책에 부응하여 강원도 철원까지 진출한다.

2003년 SBS「뉴스추적」보도에 따르면 성람재단에서 운영하는 은혜장애인요양원과 문혜장애인요양원은 철원에서도 가장 오지에 있었는데 보호자 동의 없이 나오기 어려운 폐쇄적인 시설이었다. 당시 뉴스 카메라는 어떤 방에서 손을 뒤로한 채 결박당한 원생이 텔레비전을 시청하거나 그 옆에서 알몸의 원생이 텔레비전을 아무렇지 않게 조작하는 장면을 포착했다. 여성 원생을 상대로 성추행하는 사건도 있었다고 한다.

식사 수준도 형편없었으며 겨울에도 온수나 난방이 제대로 가동하지 않았다. 1995-2000년 사이 재단 산하 시설에서 나온 사망자 수가 160명이나 되는데 대부분 의문사로 추정된다.[43]

성실정양원

2003년 11월 경기도 양평의 '성실정양원'이라는 기도원이 불법 감금과 폭행 등 인권 침해를 자행한 사실이 드러나 충격을 주었다. 성실정양원에 수용돼 있다가 나온 모 씨의 제보로 시작된 조사는 수용 시설을 긴급 방문한 조사단이 수용자 100여 명을 대면 조사해 실태를 확인했다. 이곳에는 알코올 중독자 약 150여 명, 정신장애인 약 50여 명, 가족 불화로 갇혀 지낸 사람들까지, 다양한 사람들이 수용되었다.

정양원 측은 가족이 보호비 명목으로 보내 주는 한 달 30만 원의 돈을 받아 챙기면서 시설 증축과 주변 농사에 무임금으로 수용자들을 동원했다. 국민기초생활보장법에 따른 수급액도 본인에게 주지 않고 정양원 측이 착복했다고 한다.[10]

건물 외벽에는 쇠창살 달린 창문만 높이 달렸고 출입구는 두꺼운 철문으로 가로막혔다. 10명 내외가 생활하는 2평 남짓 방에는 화장실 없이 한 구석에 변기가 있었다. 밤에는 방문을 밖에서 잠그면서도 대피 통로는 확보해 놓지 않는 등 화재 발생 시 대책은 전무했다. 성실정양원은 1년이 넘어서야 폐쇄된다.[44]

은혜기도원

1982년 설립된 은혜기도원은 관리 감독의 손길이 미치지 않는 미신고 시설이었다가 복지부 지침에 따라 요건을 갖춰 양성화하는 조건으로 신고한 '조건부 신고 시설'이었다.[45]

......

10. 정부는 국민 기초 생활 보장 수급자에게 매월 지원금을 개인 통장에 입금. 그러나 시설 생활자들은 자기 이름의 통장이 있는지조차 잘 모르고, 많은 시설이 이 지원금을 유용

장애인 인권 단체 등이 2003년 두 차례에 걸쳐 충청남도 연기에 있는 은혜기도원을 현장 조사한다. 조사단은 수용 시설을 돌아보고 수용자 중 80여 명을 대면 조사해 열악한 수용 시설과 감금·폭력 등 인권 침해 실태를 확인했다. 조사 당시 정신장애인과 알코올 중독자 등 130여 명 정도를 수용하고 있었다.

기도원은 보호자가 보내 주는 매달 40만 원의 위탁금으로 운영 되었는데 원장의 아들이 총무를 맡고 다른 업무도 가족들이 나눠 맡는 전형적인 족벌 운영 시설이었다. 대면 조사에서 한 수용인은 "예전보다 구타가 더 심해져 사람들이 보는데도 공공연하게 욕하고 때린다"고 말한다. 방장들도 공공연하게 구타를 일삼는다고 증언했다.

벌칙 중에 수용인들이 가장 두려워하는 것은 '보호 관찰실'의 감금이었다. 남자 숙소 한편에 마련된 9개 보호 관찰실은 쇠창살로 된 문을 밖에서 잠그게 되어 있었다. 수용자들은 예배 시간에 졸거나 사소한 규칙을 어기면 하루에서 한 주간까지 가두고 금식을 명분으로 밥도 주지 않는다고 입을 모았다.

사랑의 집

2006년, 김포시 민통선 안에 있는 '사랑의 집'이라는 기도원의 인권 침해 사례가 언론에 보도되었다. 시설에서 4년 동안 확인된 죽음만 6명, 감금과 학대는 기본이고 여성들은 성 노리개로 학대당했다는 충격적인 내용이었다.

목사 정 모 씨는 개척교회를 운영하다 1992년 이 기도원을 열었다. 정 씨가 서울역 등지를 돌며 노숙인들을 모아 이곳 기도원으로 데려오기도 하는데, 노숙인을 기초 생활 수급자로 만들어 준 후 이들의 생계비 통장과 도장을 관리 명목으로 자신이 갖고 마음대로 유용하였다. 수용자들이 거주하는 시설 환경은 불결했고 식사는 대부분 푸드뱅크나 인근 중학교에서 먹고 남긴 잔반을 거둬온 것으로 해결했다.

반항하는 수용자들을 통제하는 과정에서 정 씨의 만행이 시작됐다. 이들에게 강제로 인분을 먹이고, 무자비한 폭력까지 휘둘렀다. 반항이 심하면 감금시키고 약물을 투여하기도 했다. 감금된 이들은 약에 취해 잠만 자거나 탈진 상태에 이르며 깨나면 다시 반복되기도 하였다.

2002-2006년 사이 확인된 죽음만 6건이었다. 정 씨는 3명의 여성 장애인에게 약을 먹이고 수십 차례 성폭행을 저질렀으며 낙태 수술까지 받게 했다고 한다.[46]

소망기도원

2010년 8월 9일, SBS「긴급출동SOS24」를 통해 방송된 경기도 파주시 소망기도원의 인권 침해 실상은 사회에 큰 충격을 주었다.

당시 조사에 참여했던 활동가는 소망기도원 150여 명의 수용인 중 72명을 면담한 결과 폭력, 감금, 성폭력, 의료상 방임, 임의 투약, 강제 노동, 비인간적 생활 환경 등의 인권 침해 실태에 대한 진술을 받았다고 밝혔다.[47]

심각한 질병을 앓는 환자들을 치료가 아닌 강압적인 기도만으로 해결하려 하거나, 식사를 통제하고, 징벌방에 보내 암흑과 같은 공포에 떨게 만들었다. 새벽 1-2시까지 강제 노동을 시키거나, 도망을 못 가도록 문을 잠그고 플라스틱 통에 용변을 보게 하였다.

운영자들은 수급자 지원금을 마치 자기 돈처럼 사용하였다. 정부 지원금 외에 각종 단체로부터 후원금 수백만 원이 들어오고 먹거리를 비롯하여 각종 물품이 넘쳐남에도 수용인들이 먹는 것은 김치와 시래기 국이 전부이거나 반찬 없는 라면이 고작이었다.[48] 폭행, 성폭행, 강제 결혼 등의 인권 유린 내용도 있었다. 이 기도원은 사회복지사업법 위반에 따른 행정처분으로 방송이 나간 2010년 8월 30일 폐쇄되었다.

헬프선교교회

2011년 9월 어느 날, 장애인 인권 단체 활동가들이 한 미신고 시설에 갇혀 있는 장애인들을 구출하기 위해 길을 나섰다. 그 시설은 경기도 평택시 외곽 인적 드문 산속에 가려진 채 외부에서는 시설이 존재하고 있는지도 잘 알 수 없는 곳에 자리 잡고 있었다. 시설 이름도 '헬프선교교회'라는 간판만 붙어 있어 교회라고 짐작될 뿐, 처음 이곳을 찾는 사람들은 시설 내부에 들어가 보기 전에는 어떤 시설인지 전혀 짐작할 수 없는 곳이었다. 여기 장애인 수십 명이 수용돼 있었다.

시설 운영자인 유 모 자칭 목사는 이 자리에서 16년 동안 시설을 운영해왔다고 말했다. 여기는 한때 70여 명의 정신장애인이 수용돼 있기도 했는데, 2011년 당시에는 인원이 대폭 줄어 27명이 있었다.

이 시설은 배변 처리 못 하는 장애인을 '똥방'이라 부르는 골방에 가두어 감금하였으며, 위생 상태와 질이 매우 불량한 음식을 제공하였다. 그리고 정체를 알 수 없는 약을 자가 제조하여 장애인에게 투약하기도 하였다. 또 말을 듣지 않거나 밖으로 나가고 싶어 철조망 부근을 헤매는 장애인들에게는 폭언과 욕설을 퍼붓고 구타했다.

이 시설은 특이하게 인터넷 광고를 하고 있었다. 광고 문안은 "정신병 반드시 치유 받을 수 있습니다"였다. 이 시설 안에는 눈길을 끄는 어머니와 아들이 있었다. 정신장애를 가진 어머니는 철조망 안에 갇혔고, 열 살 아들은 철조망 밖 다른 공간에 살면서 학교에 다니고 있었다. 어머니와 아들은 흡사 아프리카 난민 캠프에 수용된 사람들처럼 격리된 채 철조망을 사이에 두고 얘기를 나누고 있었다. 엄마가 아들을 품에 안을 수 있는 날은 일주일에 단 한 번, 일요일 예배 시간 때뿐이었다는 게 어머니 얘기였다.[49]

부랑인 시설과 노숙인의 등장

부랑인과 노숙인은 정신장애인의 수난을 읽어 나가는 데 중요한 키워드들이다. 부랑인 또는 노숙인이라고 지칭하는 범주 안에 정신장애인이 섞여 있으며 이들에 대한 정책 방향도 동일하여 구분이 되지 않아서이다.

부랑인이라는 용어는 일제 강점기 일본에서 수입되었다. 부랑자, 부랑아라고 부르던 집단에 대한 통제는 식민지 지배의 일환으로 이루어졌다. 우리 사회에서 노숙인이라는 용어가 본격 사용되기 시작한 것은 IMF 외환 위기 이후로 극심한 경제 위기 속에 새롭게 형성된 집단 유형이다.

이때의 노숙인은 과거 부랑인과는 다른 개념이다. 근면 성실했으나 일자리를 잃어 어쩔 수 없이 거리에서 생활할 수밖에 없게 된 사람들이라는 점이 강조되곤 하였다. 그러나 일자리를 제공하면 줄어들 줄 알았던 노숙인 수가 좀체 줄지 않아 실제 노숙인과 부랑인의 구분은 무의미해진다.[50]

외환 위기 이후 노숙인들이 거리로 몰려나오면서 부랑인 시설도 새롭게 조명을 받는다. 노숙인과 부랑인이 모두 취약한 사회안전망 속에서 오랜 빈곤과 가족 해체를 겪으면서 형성되었다는 공통점이 있다. 노숙인과 부랑인을 유사하면서도 다른 성격의 집단으로 인식하는 경향이 있다.

노숙인 문제는 비교적 드러내 놓고 공개적으로 토론하고 대안을 고민하는 반면, 부랑인 문제는 여전히 뒤로 밀려나 있어 공론의 장에서 만나기 어렵다. 부랑인 시설은 사회 복지 생활 시설 중에도 가장 적은 비용으로 많은 인원을 수용, 보호하는 기능을 수행한다. 그래서 부랑인 시설은 우리나라에서 복지 수준의 상징이다. 당장 없앨 수 없다 하더라도 최소한 그 존재를 공론화할 필요가 있다.[51]

외환 위기 이후 부랑인과 노숙인이라는 용어가 혼재되어 사용된다. 보건복지부령 「부랑인 및 노숙인 보호시설 설치 운영규칙」에서 노숙인은 일정한 주거 없이 상당한 기간 거리에서 생활한 사람이지만 부랑인은 일정한 주거와 '생업수단 없이' 상당한 기간 거리에서 생활한 경우로 구분하였다. 생업 수단이 있고 없고에 따라 노숙인과 부랑인으로 나뉘는 것이다. 행정 정의가 달랐기에 관리 방식도 달랐다. 지방자치제가 시행되면서 노숙인은 각 지방자치단체에서 관리하였는데 주로 거리나 쉼터의 노숙인이 대상이었고 부랑인은 중앙의 보건복지부에서 관리하였는데 부랑인 시설 관리, 감독이 중심이었다.

이후 수차례 법률과 정책 변화 속에 2011년 「노숙인 등의 복지 및 자립 지원에 관한 법률」이 제정되었다. 거리 생활자를 가리키는 용어로 부랑인은 공식적으로 폐기되고 노숙인으로 통일되었다. 또한 거리 생활자 및 시설 생활자뿐만 아니라 열악한 주거 환경에 처한 사람들도 이 법의 대상이 되었다.[52]

부랑인 시설의 역사를 되돌아보면, 일제 강점기에는 식민 지배를 위해, 해방 후에는 혼란과 한국 전쟁을 거치면서 생겨난 수많은 고아, 걸인들을 수용하기 위해 시설들이 생겨났다. 그 뒤 산업화 과정에서 가족이 해체되어 의지할 곳이 없던 빈곤층들이 부랑인 시설로 흘러들어 온다.

부랑인을 격리 수용 대상으로 본 군사 정부의 1975년 내무부 훈령 410호는 부랑인 시설 확대를 알리는 신호탄이었다. 1986년 아시안게임과 1988년 올림픽을 앞두고는 부랑인을 수용하기 위해 수도권에 대규모 부랑인 시설을 추가로 지었다.

부랑인 시설이 전국 37군데로 늘어나고, 형제복지원처럼 사회 문제가 되어 폐쇄된 곳을 제외하고 지금도 계속 운영된다. 2010년 경 전국 부랑인 시설에 약 7,400명이 생활하고 있었다. 서울의 부랑인 보호 시설인 '은평의마을'은 정원이 1,300명으로 단일 복지 시설로는 세계 최대 규모다.[11] 그 외에도 수도권의 여성 부랑인 복지 시설인 '영보자애원'은 550명, 대구 '희망원'은 900명 정도가 생활한다.[53]

부랑인 시설은 연령(노인, 아동)이나 특성(정신 질환 및 다른 장애)이 아니라 부랑 생활이라는 '행태'에 따른 구분인데 선진국에서는 이런 종류의 시설이 거의 없다. 걸인이 되지 않도록 예방하는 데 중점을 두고, 설령 거리로 나올 처지가 되더라도 이를 각 전문 분야에 맞게 보호하는 추세이다.[54] 우리나라 부랑인 시설의 특징은 장애 유형, 연령 등을 고려한 시설이 아니라 다양한 특성의 사람들이 뒤섞여 수용되었다는 점, 그리고 수용 기간이 길다는 점이다.[12]

부랑인 시설이 시대에 맞지 않고 부랑인이라는 용어가 폐기되었음에도 여전히 우리 사회에서 의미를 갖는 존재다. 특히 형제복지원, 대구 희망원 등 몇몇 시설은 비리와 인권 유린의 현장으로 우리 뇌리에 새겨졌다.

.....

11. 1961년 6월 서울 중구 주자동에 '시립갱생원'이라는 이름으로 처음 설립된 후 그해 10월 은평구로 이전. 1981년부터 마리아수녀회가 위탁 운영을 시작해 1996년 '서울시립 은평의마을'로 이름을 바꿈. 2011년 1월부터 '서울가톨릭사회복지회'가 운영하다가 2019년 1월부터는 '재대한구세군유지재단법인(구세군대한본영)'에서 맡아서 운영. '은평의마을'에서는 정신 질환을 앓으면서 스스로 생계를 유지할 수 없는 부랑인과 중증 장애인 등 1,500여 명이 자원 봉사자들의 도움으로 살아감
12. 부랑인이라는 이름을 전해준 일본도 2차 세계대전 이후 부랑인 수용 방식의 빈민 구제 사업은 하지 않음. 단기 보호가 필요할 경우 홈리스 보호 정책을 실행함

마리아수녀회에서 위탁받아 운영하던 은평구 구산동 시립 갱생원 개원식 모습. 1996년 '은평의마을'로 이름을 변경한다. 지하 1층 지상 5층 규모, 1984.5.29@서울사진아카이브

2009년 국회에 제출한 국정 감사 자료에 따르면 2009년 6월 기준으로 부랑인과 노숙인은 총 13,981명이다.([표 3])[55] 이 자료에서 부랑인 시설 수용자 중 장애 있는 사람은 62%, 65세 이상은 17%, 정신 질환자는 18%에 달하는 것으로 나온다.

상당수의 정신장애인이 부랑인 시설에 수용되어 생활하고 있음을 확인할 수 있다. 수용 기간을 보면 10년 이상 생활한 경우가 42%, 20년 이상도 13%에 이른다.[56]

정신 질환은 노숙 상태가 원인으로 작용할 뿐만 아니라 노숙 결과 나빠지기도 한다. 또 노숙 상태가 장기간 계속되면 알코올 중독 등의 정신과 문제가 심해지고, 각종 정신 질환은 노숙 상태에서 벗

[표 3] 연도별 노숙인과 부랑인 현황(2005-2009.6) (단위 : 명)

연도별 부랑인 시설 입소자 현황				
연도	2005	2006	2007	2008	2009.6
부랑인	11,063	10,317	9,722	9,492	9.259
연도별 거리 및 쉼터 노숙인 현황				
연도	2005	2006	2007	2008	2009.6
노숙인	4,722	4,856	4.544	4.796	4.722
계	15,785	15,173	14,266	14.288	13.981

어나기 어렵게 만들어 악순환에 빠진다. 이렇듯 노숙자와 정신 질환은 매우 밀접한 관계가 있다.

미국에서는 1970년대에 정신 질환이 있는 노숙인이 크게 늘어 1980년대 초반에는 노숙인 정신 질환에 관한 관심이 고조되었고 노숙이 정신 질환의 결과로 여겨졌다. 특히 1960년대의 탈시설화 정책에 의하여 많은 정신과 환자들이 퇴원하였으나 지역사회의 의료 서비스가 이들을 제대로 지원하지 못하면서 노숙인이 생겨난 것으로 여겨졌다.[57]

노숙인의 인구학적 정보와 정신장애 유병률에 관한 연구가 부산 지역 노숙인 216명 대상으로 진행된 바 있다.[58] 당시 결과를 외국의 경우와 비교했을 때 노숙인 중 조현병 비율이 낮았는데 그 이유는 두 가지로 설명된다.

첫째는 한국의 정신 보건 서비스 체계의 특성과 관련 있다. 노숙인 중 정신 질환자는 정신보건법상 보호자에 의한 입원 절차를 통해 발견되는 대로 정신병원이나 정신 요양원에 입원을 시키고 있고, 일부는 부랑인 시설에 입소시킨다. 그에 비해 회복된 정신 질환자의 퇴원은 실제 매우 어려워 연고자 없는 정신 질환자들은 대부분 수용을 유지한다. 이는 미국에서 1960년대 이후 탈시설화 정책을 통해 많은 정신 질환자가 사회로 나온 시대 상황과는 차이가 있다고 생각된다.

둘째로 연구 대상자 90.7%의 노숙 기간이 1년 이내인 것을 보면 노숙하게 된 요인으로 외환 위기 영향이 매우 컸을 것으로 추정된다. 또 실제 면담 중 노숙인이 된 원인이 외한 위기와 직접 연관 있다고 대답한 사람이 많았다. 따라서 미국의 노숙인과는 원인과 이후 과정에 차이가 있어 상대적으로 정신 질환자 수가 적게 나온 듯하다.

노숙인은 '쉼터 노숙인' '쪽방 노숙인' '거리 노숙인' 등으로 구분되기도 한다. 이 중 '거리 노숙인'이 가장 피폐한 처지에 놓였음을 고려한다면 '노숙인=알코올 중독자'라는 인식은 다소 과장된 것이다. 2005년 3월 실시된 서울역 영등포역 거리 노숙인 대상 한 설문 조사에 따르면 64.2%가 알코올 의존증을 보였다. 쉼터 노숙인에 대한 2004년 조사에서는 22.1%만이 알코올 중독으로 나타났다.

노숙인은 일반인에 비해 높은 사망률을 보이는데 정신 질환으로 사망하는 노숙인은 일반인에 비해 3.66배, 감염성 질환의 경우 1.94배, 손상 중독 외인성 질환의 경우 2.2배 높다.([표 4]) 보건복지부가 2006년 집계한 노숙인 숫자는 4,511명인데 쉼터가 3,373명이고 거리가 1,138명이다.

게다가 2005년 말 부랑인 시설에 있는 9,055명은 노숙인 집계에서 빠졌다. 빈부격차차별시정위원회는 2005년 노숙인, 부랑인, 정

[표 4] 노숙인 사망률과 일반인 사망률 비교

	노숙인 사망률	일반인 사망률	비율
정신과 질환	7.18	1.96	3.66
손상, 중독, 외인성 질환	32.34	14.68	2.20
감염성 질환	5.42	2.79	1.94
간장 질환	10.71	7.73	1.39

신 요양 시설과 무허가 기도원 등의 무연고 정신 질환자 숫자를 약 97,000명으로 추정했다.[59]

일부 정신병원들이 노숙인을 유치하여 국가 지원을 부당하게 수령한다는 보도가 나온 적 있다. 서울역이나 영등포 같은 주요 노숙지에 병원 관계자들이 나타나 활동을 벌인다. '잠자리가 편하다' '담배를 준다' '수급자로 만들어 주겠다' 등 미끼를 제공해 유인하거나, 술을 엄청 사줘서 만취가 되도록 만들거나 상황 판단이 불리한 지적 장애인 같은 경우는 그냥 차에 싣다시피 데리고 가서 입원시킨다. 그러면 수용인 1인당 월 180만 원에서 200만 원을 복지부로부터 받는다고 한다.[60]

● 대구 희망원 사건

부랑인 시설들은 비리와 인권 유린으로 비난의 대상이 되기 일쑤였다. 형제복지원 사건은 우리나라 최대의 부랑인 시설 인권 유린 사건으로 기록된다. 형제복지원이 1987년 검찰 수사를 받을 당시 전국 36곳의 부랑인 시설에 대한 특별 점검과 복지 시설 체계 변화가 필요하다는 목소리가 높았다. 그러나 특별 점검은 이뤄지지 않았고 대다수 시설이 명칭만 바꾼 채 수명을 이어갔다.[61] 형제복지원 사건은 아득한 먼 옛날 일로 여겨졌고 부랑인 시설은 이제 우리에게 잊힌 존재였다.

그러다 최근 부랑인 수용 시설인 대구 희망원의 비리와 인권 유린 행태가 폭로되면서 사회에 큰 충격을 주었다. 시설 역사와 규모, 운영 주체 등을 고려하면 믿기 어려운 상황이었다.

희망원은 대구시가 1958년 설립한 대표 부랑인 시설로 1980년 대구천주교유지재단에서 위탁받아 35년째 운영 중이었다. 초기에 희망원 전체 850여 명 원생 중 정신장애인이 380여 명으로 다른 부랑인 시설보다 차지하는 비율이 높았다. 1983년 8월에는 부속 기관으로 대구정신질환자요양소(병원)를 개원하였는데 200병상(남여 각 100병상)에 검사 시설과 정신과 전문의를 비롯한 의료진도 갖춘 상태였다.

개원 후 이곳으로 입소자 200명이 들어와도 다시 몰려드는 환자로 희망원은 전과 다름없는 정신장애인 원생 비율을 보였다.[62] 2015년부터는 노숙인 재활 시설과 노숙인 요양 시설, 정신 요양 시설과 장애인 주거 시설로 분리 운영되었다.

희망원의 비리 실태가 내부 고발자에 의해 드러나기 시작한 것은 2013년이다. 이른바 '쪽지 사건'이 발생한다. 한 직원이 희망원 내부 비리를 고발하는 내용을 인터넷 메신저로 직원들에게 일제히 전달했다. 희망원 운영자 측이 쪽지 발송자를 추적하기 시작하자

의문의 발송자는 방법을 바꿨다. 비리 내용을 인터넷이 아닌 우편으로 발송했다. 수신자만 적힌 우편 수백 통이 대구시 언론, 각종 기관, 시민단체, 천주교 대구대교구, 성당, 수녀원 등에 발송됐다. 희망원 안에서 벌어지는 언어 모욕, 폭행, 갈취, 물품 허위 청구에 따른 횡령 사실 등이 기록됐다. 폭행한 직원 실명도 적혔다.[63]

희망원에 대해 2016년이 되어서야 본격 수사가 이루어진다. 국가인권위원회는 2016년 8월 8일부터 2일 동안 희망원 현장 조사를 벌였으며, 10월 8일 SBS「그것이 알고 싶다」 148회 '가려진 죽음-대구 희망원, 129명 사망의 진실' 편이 방영되면서 국민에게 큰 충격을 주었다.

검찰 수사 내용을 보면 희망원 팀장급 간부와 생활 교사들은 음식물을 방바닥에 던진 후 재소자들에게 주워 먹게 하고 수용자끼리 식사를 서로 빼앗아 먹도록 했다. 이유 없이 젖꼭지를 꼬집거나 경품 사격용 총(고무탄)을 정신장애인 수용자에게 발사하기도 하였다.[64]

정신 병동의 경우 심리 안정실이라는 이름의 독방 수용은 명목으로는 조현병 환자의 폭력 행위 방지를 위한 조치라지만 밖에서 방문을 잠그고 안에서는 빠져나올 수 없었다. 심한 경우 한 달 이상이 독방에 가두기도 했다.

희망원에서는 횡령, 폭행, 급식 비리, 노동 착취가 일상이었다. 원생들은 하루 1만 원을 받고 대학병원에서 종일 간병을 하거나, 7천여 원을 받고 새벽부터 식당 일을 하기도 했다. 이곳에서 규율을 어긴 사람은 무조건 '신규 동'으로 보내져 단체 기합을 받아야 했다. 별 것 아닌 이유로 늘 맞아야 했다. 손으로 반찬을 가져가려 해서

머리를 맞았고, 음식을 옮기러 오라는데 늦게 왔다고 얼굴을 맞았다. 수용인의 눈을 찔러 애니메이션 속 '울트라맨'처럼 만드는 건 그저 장난 수준의 일이었다.[65]

희망원에서 발생한 의문사 실태도 드러난다. 2010년 1월부터 2016년 8월까지 6년 7개월 동안 309명이 희망원에서 사망한다. 이중 최소 29명의 사망 원인에 의문이 제기되었다. 명백한 폭행 치사가 병사로 기록되기도 했다.[66]

안에서 비리와 인권 유린이 일상화되어도 외부에는 사랑과 봉사를 실천하는 사회 복지 시설로 비춰졌다. 그 공로를 인정받아 2002년부터 2014년까지 연속 6회에 걸쳐 우수 시설로 선정되었다. 2006년에는 전국 사회 복지 시설 가운데 최우수 사회 복지 시설로 선정돼 대통령상까지 받았다.[67]

정신보건법 위헌 소송과 전면 개정

보호 의무자에 의해 강제로 입원된 환자들이 2001년부터 여러 차례 헌법소원 심판을 청구하였으나 모두 각하되었다. 2014년 1월에는 한국정신장애연대 등이 공익 소송의 일환으로 헌법소원을 신청했으나 역시 각하되었다. 이에 '정신보건법 바로잡기 공동대책위원회'는 '헌법재판소의 정신보건법 제24조 제1항 등 위헌 확인 헌법소원 각하 결정에 대하여 유감을 표하며'라는 제목의 성명([부록 1])을 발표하였다.

그러던 때 위 청구인 중 한 명이 자신이 강제 입원 당했던 병원장을 상대로 인신 보호 청구를 하였다.[13] 그 해 5월 서울중앙지방법원은 인신 보호 사건의 심리 계속 중 정신보건법 제24조가 헌법상 신체의 자유 및 자기 결정권 등을 침해하였다는 이유로 헌법재판소에 위헌 법률 심판 제청을 한다. 그리고 이것이 결국 수용된다. 법원이 위헌 제청을 한 이유는 크게 두 가지였다. 하나는 환자를 입원시킬 때 요건이 모호해 남용이 우려된다는 것이었다. 또 하나는 객관성과 독립성이 보장된 기관에 의한 심사 없이 가족과 의사의 판단만으로 입원이 결정되는 절차가 문제라는 것이었다.[68]

2016년 4월 헌법재판소에서 개최된 공개 변론에서 해당 규정이 신체의 자유 및 자기 결정권을 위반해 입원 판단 여부는 제3의 독립 기관인 사법 기관 혹은 행정부가 개입해야 한다는 의견과 강제 입원에 대한 오남용 방지 대책은 필요할 수 있어도 해당 법률은 인권 침해가 아닌 적시 치료라는 의견이 대립되었다. 이런 가운데 같은 해 9월 29일 헌법재판소는 재판관 전원 일치 의견으로 20년이 넘는 기간 동안 합법적으로 행해진 정신보건법 제24조 제1항, 제2항은 신체의 자유를 최소화할 우려가 있는데 이를 방지할 수 있는 방안이 충분하지 않다는 헌법불합치 결정을 내렸다.[69]

헌법재판소에서 위헌 법률 심판이 진행되는 동안 이와 별도로 국회에서는 정신보건법 개정 작업이 진행된다. 법이 개정되기 이틀 전 발생한 '강남역 살인 사건'이 치료를 중단한 조현병 환자의 피해

.....

13. 청구인인 박 모 씨는 자녀들에 의해 2013년 11월 한 정신병원에 강제 입원 당했고, 이에 "나는 경미한 갱년기 우울증을 앓고 있었을 뿐 정신 질환자가 아니다"라며 법원에 인신 보호 청구 소송을 냄

망상에 의한 소행이라고 경찰이 밝히면서 정신장애인에 의한 범죄로부터 사회 안전을 지켜야 한다는 목소리가 높아지기도 했다.

입법 과정에 난항을 겪으면서도 헌법재판소 판결이 내려지기 전인 2016년 5월 19일 정신보건법 전부 개정안인 「정신건강증진 및 정신 질환자 복지 서비스 지원에 관한 법률」(일명 정신건강복지법)이 국회를 통과하였고 2017년 5월 30일 시행되었다.[70]

20년 동안 몇 차례 개정을 거치고 정신 보건에 대한 국가 정책 수립에 많은 영향을 미치면서 법적 근거로 활용되던 정신보건법이 전면 개정된 셈이다. 이번 개정안은 그동안 많은 모순점과 한계를 극복하기 위한 매우 중요한 결과임에도 불구하고 주요 쟁점에 대한 이해 당사자의 의견 수렴이 거의 없이 짧은 시간 안에 마련된 법안이어서 입법 목적을 달성하기는커녕 부작용이 적지 않을 거라는 우려의 목소리가 컸다.[71]

정신보건법 전부 개정안이 국회를 통과하면서 헌법 불합치 판정 대상이 된 해당 조항도 개정되었다. '보호 의무자에 의한 입원'은 입원 대상이 '정신 질환이 있거나 자·타해 위험이 있는 사람'에서 이 2가지 요건을 모두 충족해야 하는 것으로 수정되었으며, 입원 요건도 보호 의무자 2명의 동의와 전문의 2명의 진단으로 바뀌었다.

또 전에는 입원 필요성에 대한 진단 입원 기간을 두지 않고 곧바로 치료 입원이 가능했으나, 개정된 법에는 행정 입원으로 입원 시 2주 동안의 진단 입원 기간을 두어 입원 필요성을 판단하는 내용도 추가되었으며, 최초 입원 기간은 기존 6개월에서 3개월로 단축되었다. 이외에도 국립정신병원 등에 설치된 입원적합성심사위원회를 통해 최초 입원 후 1개월 이내에 입원 적합성 여부를 판단하는 등 보호 의무자에 의한 강제 입원을 막는 방향으로 절차가 강화되었다.[72]

강제 입원 조건을 까다롭게 한 정신보건법 전부 개정에 대해 정신과 의사들은 지역사회 인프라가 구축되어 있지 않아 퇴원해도 실제 갈 데가 없다는 점을 지적하며 사회적 입원의 불가피성을 주장하였다. 이로 인해 결과적으로 정신 질환자에 의한 범죄 증가 가능성을 내세웠다.

그 사례로 미국에서 탈시설 정책 후 살인, 폭력, 절도 범죄가 증가하였음을 강조했다. LA의 경우 주립정신병원의 탈시설 정책 이후 노숙인 정신 질환 문제가 증가하여 95% 정도가 알코올이나 약물 문제를 갖고 있으며, 그 중 약 20%는 교도소에 수감 중이라는 통계를 제시하였다.[73]

한편 정신장애인 당사자 단체들은 다른 이유에서 반대 의견을 표명한다. '동의 입원'이라는 신설 조항[14]에 문제를 제기한 것이다. 동의 입원이란 보호 의무자에 의한 강제 입원 시에 당사자 동의를 얻는 것이다. 이 경우 입원한 환자가 퇴원 신청을 할 때 퇴원 여부 결정이 의사에게 맡겨진다.

이전 자의 입원 때는 정신장애인 자신이 원할 때 퇴원할 수 있었고, 병원은 이를 거부할 법적 근거가 없었다. 이 때문에 현장에선 자의 입원을 비자의 입원으로 전환하여 입원시키기도 했다. 이러한

.....
14. 이전에는 자의 입원과 비자의 입원만 있었으나 개정법에서는 중간 단계에 해당하는 동의 입원을 신설. 동의 입원은 비자의 입원에서 제외되므로 통계상 비자의 입원이 감소

관행을 막기 위해 동의 입원 조항을 신설했지만 이것이 결국 또 다른 강제 입원 조항이 될 우려가 있다.[74]

개정법에서 강제 입원 요건이 보호 의무자 2명의 동의와 '정신과 전문의 1명'의 진단에서 보호 의무자 2명과 '정신과 전문의 2명'으로 수정됐다.[15] 전문의 1명이 2명으로 는다고 해서 강제 입원 인권 침해 문제가 해소될지는 의문이다.

경찰은 정신 질환으로 자·타해 위험이 있다고 의심되는 사람을 발견하면 정신과 전문의에게 진단과 보호를 요청할 수 있다. 이후 이 사람을 행정 입원 절차에 따라 정신 의료 기관에 입원시킬 수 있다. 경찰 개입을 명문화함으로써 이후 공권력 남용이 심각하게 우려된다는 지적도 나왔다. 강제 입원에 대한 비판을 막을 방안으로 '입원적합성심사위원회'를 마련했으나 현실적으로 제대로 된 심사가 불가능하다는 문제 제기도 있다.

개정안 '제4장 복지 서비스의 제공'은 기존 정신보건법엔 없던 내용으로, 정신장애인의 고용 및 직업 재활 지원, 평생 교육 지원, 문화·예술·여가·체육활동 등 지원, 지역사회 거주·치료·재활 등 통합에 대한 지원 등을 명시하고 있다.[16] 그러나 실제 알맹이가 없다는 지적이다.[75] 강제 입원을 줄이고 탈시설을 실현하려면 지역사회 인프라 구축을 위한 구체적인 청사진이 제시되어야 하는데 이 부분은 전혀 고려되지 않았다.

......

15. 전문의 1명은 '공공성을 위해' 국·공립 정신 의료 기관 혹은 복지부 장관이 지정한 정신 의료 기관 소속 전문의여야 한다는 규정도 생김

16. 이는 장애인복지법에서 명시하고 있는 내용이나, 장애인복지법 제15조는 복지 적용 대상에서 정신장애인을 제외함. 정신장애인은 장애인복지법이 아닌 정신보건법 적용을 받도록 함

[표 5] 정신병원 비자의(강제) 입원 추이 (단위 : %)

일시	비자의 입원율
2016.12.31	61.6%
2017.4.30	58.4%
2017.5.30	(정신건강복지법 시행)
2017.6.23	46.5%
2017.8.21	42.2%
2017.12.29	36.9%
2018.4.23	37.1%

(자료 : 보건복지부)

아무튼 1995년 제정된 정신보건법이 거의 20년 만에 전면 개정되어 2017년부터 시행된다. 개정법의 핵심은 강제 입원 요건 강화로 입원을 까다롭게 한다는 점이었다. 법 시행 후에 과연 어떤 변화가 일어났을까?

[표 5][76]를 보면 2017년 6월 법 시행 후 강제 입원율이 감소하는 것을 확인할 수 있다. 강제 입원이 감소하면 정신병원 입원 환자 수가 감소할 것 같은데 강제 입원율 감소에 비례해 입원 환자 수가 줄지는 않는다. 이는 강제 입원 안 해도 되는데 강제 입원 당했거나 아니면 서류상으로만 자의 입원으로 변경되었다고 볼 수 있다. 강제 입원 후 동의 입원으로 전환된 경우도 강제 입원에 잡히지 않는 맹점이 있다. 통계상으로만 강제 입원율이 감소하고 현실은 크게 달라지지 않았음이 드러난다.

정신건강복지법 시행 이후 탈시설화 효과가 단기적으로 나타났지만 결국 시행 이전으로 회귀하는 추세를 보여 실제 입법 개선 효과가 미미하다는 지적도 제기되었다.[77] 지역사회 정신 건강 인프라가 충분히 구축되지 않은 상황에서 입원 통제만으로 탈시설화가 제대로 실현되지 않음을 보여준다.

2018년 연말 정신장애인에 의한 임세원 교수 피살 사건과 2019년 안인득 사건으로 정신장애인을 범죄자로 대하는 혐오와 배제 분위기가 커지고 강제 입원 요건 완화 압력이 거세진다. 정신 의학계에서는 강력하게 사법 입원제[17]를 주장하고 실제 발의안이 마련되기도 하였으나 당사자들의 강한 반대에 부딪혀 개정까지 가지는 못한다.

코로나19 유행과 정신장애인

2020년 신종 전염병인 코로나19가 대한민국과 온 세계를 휩쓴다. 태풍이 지난 자리에 약한 건물, 약한 나무와 전봇대들이 먼저 쓰러지듯이 전염병이 덮치자 우리 사회에서 취약한 고리들이 민낯을 드러냈다.

그 중 하나가 청도 대남병원[18] 정신장애인 집단 발병으로 드러

.....

17. 사법 기관이 환자나 보호자의 동의 없이도 강제 입원을 결정할 수 있는 제도로 사실상 입원을 이전보다 쉽게 하는 효과가 있을 것으로 보임. 사법의 개입이 정신장애인의 인권을 보호하기 위한 것이 아니라 강제 입원을 정당화하고 오히려 낙인을 강화하는 효과가 예상됨

18. 대남병원을 운영하는 의료법인 대남의료재단은 오이선이 1984년 부산시 사상구 구덕산 일대에 세운 사회복지법인 구덕원에서 출발. 당대 부산 최대 복지법인으로 불린 구덕원은 구덕병원, 부산 대남병원, 구덕실버센터, 부산시립 노인건강센터 등 사회 복지 시설을 운영. 형제복지원이 폐쇄되면서 수용되었던 정신장애인들 일부가 형제복지원에서 2.8km 떨어진 구덕산 일대 부산 대남병원으로 옮겨감

구덕원은 2000년대 초반까지 부산에서 구덕병원, 대남병원을 운영하다가 2012년경 횡령 등 비리 문제로 해산. 청도 대남병원도 오이선 일가에 의해 1988년 설립되어 계속 유지되었고 부산 대남병원 비리와도 연

코로나19 사망자를 애도하는 얼굴 없는 영정 11개가 국가인권위원회 계단에 놓임, 2020년@『비마이너』

난 정신병원의 참혹한 실태였다. 대남병원에 입원 중이던 정신장애인 103명 대부분과 정신 병동에서 근무하던 직원들이 다수 감염되었다.

폐쇄 정신 병동은 환기도 제대로 되지 않는 환경이었다. 온돌방 구조로 한 방에 6명 이상의 환자가 매트리스에서 잠을 자야 해 밀접 접촉을 피할 수 없었다. 외출도 없이 24시간 같이 생활하면서 지내다 보니 한 사람이 코로나19에 걸리면 집단 감염을 피할 수 없었다. 영양과 운동 부족, 기저 질환 등으로 면역력이 약했고 감염 후에도 한동안 같은 공간에서 머물러 지내면서 병세가 악화되었다. 코로나19로 인한 첫 사망자도 여기서 나왔다.

루되었다는 의혹을 받음 (박중엽, 「청도 대남병원 코로나19 사태, "비리 족벌재단의 부실 운영 탓"」, 『뉴스민』 2020.3.1)

첫 사망자는 20년 이상을 정신병원에서 지낸 조현병 남자 환자였다. 당시 체중은 46킬로그램. 환자가 발생하자 대남병원에 환자들을 그대로 코호트 격리한다는 방침에 따라 몇몇 환자를 제외하고 열악한 환경의 정신병원에 격리되었다. 폐쇄되고 밀집된 공간에서 환자들끼리 모여 있으니 병세가 나빠질 수밖에 없었다. 사망자가 연이어 발생하였고 이에 따라 비판 여론이 들끓기 시작했다. 급기야 전국장애인차별철폐연대 등 12개 시민 사회 단체는 2월 26일 국가인권위원회 앞에서 기자 회견을 열고 긴급 구제를 신청한다.

2월 28일에는 '한국 정신장애인 당사자 단체' 일동 명의로 청도 대남병원 참사에 대한 정신장애인 당사자 성명서([부록 2])를 발표한다. 이 성명의 주된 내용은 다음과 같다. 폐쇄 병동에 장기 입원하는 것은 '정신 질환은 위험한 것이고, 질환에 걸린 개인의 잘못이며, 사회에서 격리시켜야 한다'는 전제 아래 만들어진 지금의 제도와 정책 때문이다. 장기간 정신병원에 감금된 중증 정신장애인들의 신체는 약에 절고 병들기 마련이고, 사회로부터 격리되어 사회적 기능은 더 떨어질 수밖에 없다.

감염 환자 발생 후에도 코호트 격리로 감염 환자들을 계속 대남병원에 머무르게 하다가 비난이 빗발치자 국립건강센터 등 다른 의료 기관으로 전원시켜 치료받을 수 있도록 했다.

정신병원은 코로나19와 같은 전염병에 취약했음이 여실히 드러난다. 대남병원 사건 이후에도 대구 배성병원에서 정신장애인이 감염되고 사망자가 나온다. 이어서 대구 제2미주병원에서도 대규모

환자 감염이 발생한다.[19]

미주병원은 도심에 있는 건물 일부를 정신병원으로 개조하여 운영하였다. 같은 건물의 3-7층을 요양 병원으로 사용하고 있었고 미주병원은 8-12층을 사용하였다. 외관으로는 정신병원 여부를 구분하기가 어렵다. 대남병원과 비슷한 환경으로 환기가 문제였다. 온돌방 구조 방 하나에 8-10명 환자가 밀집해 지냈다. 이곳에 286명의 환자가 입원해 있었다. 아래층 요양 병원에 비해서도 입원 환자 밀집도가 높았다.

.....

19. 2020년 5월 1일 현재 제2미주병원은 정신과 환자 182명, 직원 14명, 총 196명이 코로나 확진 판정을 받고, 이 중 정신과 환자 5명이 사망. 입원 환자 286명 중 63%가 감염된 셈. 대구에서는 또 다른 정신병원 세 곳에서 감염자 15명이 나옴

1. 임지연, 1960-70년대 한국 정신의학 담론 연구-정신위생학에서 현대 정신의학으로」, 『의사학』제26권 제2호(통권 제56호), 2017.8

2. 임지연, 같은 2017년 글

3. 임지연, 같은 2017년 글

4. 박종익, 박현정, 「역사적 관점에서 본 정신보건법 전부개정법률에 대한 검토」, *J Korean Neuropsychiatr Assoc* 2017; 56(1): 1-9

5. 『경향신문』1975.9.1

6. 박종익, 박현정, 같은 2017년 글

7. 정정엽, 「지역사회 정신 보건의 역사를 통해 살펴보는 정신건강복지법」, 『정신의학신문』 2017.8.10

8. 『한겨레신문』1990.9.26

9. 송승연, 「정신장애인과 한 사람의 시민으로서의 권리」, 『가톨릭뉴스 지금여기』2018. 5.21

10. 박성준, 「국내 정신병원 '시설질환'」, 『시사저널』1991.12.26

11. 박종익, 박현정, 같은 2017년 글

12. 박종익, 박현정, 같은 2017년 글

13. 정영문, 「정신 요양 시설 운영현황과 기능 전환에 관한 연구」, 석사 학위 논문, 2002년 6월

14. 이부영, 「한국에서의 서양 정신의학 100년」, 『의사학』제9권 제2호, 1999

15. 박종언, 조성용, 「일본은 긴급입원을 '위험성'이 아니라 '치료'와 '보호'라는 측면에서 합니다」, 『마인드포스트』2019.9.27

16. 「정신의료 이동 박물관 전시 프로젝트」, 『사택감치와 일본의 정신의료사』, 2014

17. 박한선, 「혐오의 시대, 정신장애인의 인권은 어디에…」, 『동아사이언스』2016.5.28

18. 이상호, 「정신장애 운동의 현황과 과제」, 강의자료, 한국정신장애인자립생활센터 홈페이지(http://kmdpcil.com/)

19. 이상호, 같은 글

20. 송승연, 「정신장애인과 한 사람의 시민으로서의 권리」, 『가톨릭뉴스 지금여기』 2018.5.21

21. 정영문, 같은 2002년 글

22. 박종익, 박현정, 같은 2017년 글

23. 정영문, 같은 2002년 글

24. 정영문, 같은 2002년 글

25. 박정수, 「['광기의 역사'와 '정신의학의 권력' ①] 가난한 가족의 흥신소가 된 정신병원」, 『비마이너』 2018.4.30

26. 박종익, 박현정, 같은 2017년 글

27. 박정수, 같은 2018년 글

28. 박정수, 같은 2018년 글

29. 정영문, 같은 2002년 글

30. 박종언, 「당사자주의 원칙 지키고 장애인복지법 15조 폐지 공동 투쟁 진행해야」, 『마인드포스트』 2019.10.16

31. 정영문, 같은 2002년 글

32. 하금철, 「정신 요양 시설 장기 입원자, 30년 이상 500명 넘어」, 『비마이너』 2014.8.29

33. 최한별, 「'원치 않은 입소, 형기 없는 감옥 같아, 중증·정신장애인 거주시설 실태조사 공개」, 『비마이너』 2018.5.11

34. 박정수, 같은 2018년 글

35. 강성준, 「성실정양원, 기도원 빙자 감금·착취」, 『참세상』 2003.11.08

36. 송영락, 「인권 사각지대에 놓인 장애인복지 현주소」, 『아이굿뉴스』 2005.4.13

37. SBS 그것이 알고 싶다, 「'수심원, 그 후 20년의 행적 추적」 2016.6.17

38. http://namu.wiki

39. MBC뉴스, 「정신지체자 인권유린하는 기도원의 실태」 1994.1.24

40. MBC뉴스, 「충남 부랑자 정신병자 요양 시설 양지마을, 구타 등 생지옥」 1998.7.22

41. 박래군, 「육지 위의 노예섬, '양지마을'은 진행형」, 『오마이뉴스』 2003.9.2

42. 이은중, 「[현장] 인권 사각지대 사설 기도원」, 『연합뉴스』 1999.5.20

43. https://namu.wiki

44. 김정하, 「끝나지 않은 싸움, 성실정양원 폐쇄 그 이후」, 『함께걸음』 2005.04.01

45. 강성준, 「출소일도 없는 기도원 징역살이」, 『오마이뉴스』 2003.11.1

46. 전진호, 「죽음의 기도원, 그곳에서는 어떤 일이 벌어졌나」, 『함께걸음』 2006.6.1

47. 홍권호, 「인권의 사각지대, 미신고 시설 기도원 근절 방안은?」, 『비마이너』 2010.9.16

48. 송영락, 「인권 사각지대에 놓인 장애인복지 현주소」, 『아이굿뉴스』 2005.4.13

49. 이태곤, 「장애인 사육 현장을 갔다」, 『함께걸음』 2019.9.20

50. 임덕영, 「박정희와 전두환은 왜 '부랑인'을 겨냥했나」, 『프레시안』 2013.6.12

51. 김수현, 「'펀둥펀둥 노는' 부랑인? 그 오래된 부끄러운 역사」, 『프레시안』 2010.8.27

52. 임덕영, 같은 2013년 글

53. 김수현, 같은 2010년 글

54. 김수현, 같은 2010년 글

55. 손숙미 의원 보도자료, 「부랑인 시설이 요양 시설로 둔갑?」, 『헬스코리아뉴스』 2019. 10.6

56. 김수현, 같은 2010년 글

57. 안준호 외, 「도시 노숙자의 주요 정신장애에 관한 역학 연구」, J Korean Neuropsychiatr Assoc 2001, 40(2)

58. 안준호 외, 같은 2001년 글

59. 김대홍, 「노숙자는 위험한 정신 질환자라고요?」, 『오마이뉴스』 2007.1.17

60. CBC 박재홍의 뉴스쇼, 「노숙인 유인 정신병원, 저항하면 코끼리 주사」, 『노컷뉴스』 2014.11.21

61. 박유리, 「폭행, 갈취, 강제 노동… 2016년판 형제복지원인가」, 『한겨레신문』 2016.8.26

62. 「대구 희망원 정신질환자 요양소-복지사업에 새로운 장 열어」, 『가톨릭신문』 1983. 9.4

63. 박유리, 같은 2016년 글

64. 최우석, 「[이슈추적] 때리고 가두고 고무탄 발사… 7년간 309명 숨진 대구 희망원」, 『중앙일보』 2017.1.31

65. 하금철, 「[하금철의 인권이야기] 인권 침해가 아니다, '조용한 학살'이다!」, 『인권오름』 2016.12.7

66. 이유진, 「'제2의 형제복지원' 대구 희망원 실태, 더 자세히 알고 싶다면…」, 『한겨레신문』 2016.10.10

67. 하금철, 「[하금철의 인권이야기] 인권 침해가 아니다, '조용한 학살'이다!」, 『인권오름』 2016.12.7

68. 박종익, 박현정, 같은 2017년 글

69. 박종익, 박현정, 같은 2017년 글

70. 박종익, 박현정, 같은 2017년 글

71. 박종익, 박현정, 같은 2017년 글

72. 박종익, 박현정, 같은 2017년 글

73. 박정수, 「['광기의 역사' 와 '정신의학의 권력' ①] 가난한 가족의 흥신소가 된 정신병

원」, 『비마이너』 2018.4.30

74. 강혜민, 「지금 '정신보건법 개악'이 눈앞에 닥쳤다」, 『비마이너』 2016.5.10

75. 강혜민, 같은 2016년 글

76. 임재희, 「정신건강복지법 시행 1년…강제 입원 24.5% 감소」, 『뉴시스』 2018.5.24

77. 손락훈, 「정신건강복지법 입법효과 미미, 치료만 어려워졌다」, 『메디포뉴스』 2019. 12.14

5장

계
속
되
는

수
난

여전히 현재형인 정신장애인 수난사, 오히려 강화되는 낙인과 배제, 그리고 2018년 임세원 교수 피살 사건과 2019년 안인득 사건 보도 과정에서 강화된 '정신장애인은 예비 범죄자'라는 인식 속에서 '조현병 범죄'라는 신조어가 등장한다. 강력 범죄가 발생하면 피의자가 정신 질환 병력이 있는지부터 확인하려 한다. 시설 밖 지역사회의 혐오 분위기는 탈시설 동력을 떨어트린다.

'정신'이라는 단어가 들어가는 시설은 모두 혐오 시설이 되어 버렸다. 정신장애인을 수용하는 병원이 들어선다는 계획이 알려지면 지역 주민들이 반대하고 지역 국회의원까지 거든다. 지역의 정신 재활 시설 설립도 주민들의 반대 시위에 직면한다.

지역사회 복귀도 반대하고 이들을 묶어두는 수용 시설도 반대하는 분위기가 우리 사회에 가득하다. 정신장애인의 존재 자체가 부정당하는 실정이다. 이 장에서는 현재 진행형인 정신장애인 수난을 정리한다.

'오미숙 사건'이라고 불리는, 정신장애인 캐나다 난민 신청 사건은 우리나라 정신 보건 현실을 적나라하게 보여준다. 조현병 환자였던 오미숙 씨는 딸과 함께 한국 정신장애인들의 인권 현실이 '박해'에 해당한다며 2008년 3월 캐나다 '난민위원회'에 난민 지위를 신청한다.

여의도에 있는 한 대형교회 목사가 정신장애인이라는 이유로 자신을 박해했다는 이유였다. 심사 결과 난민위원회는 오 씨의 주장을 받아들여 그 해 10월 난민 지위를 부여했다. 다만 오 씨의 주장과 달리 오 씨를 박해한 주체는 교회 목사가 아니라 한국의 '의료 시스템'이었다고 결론지었다.

오 씨는 한국에서 정신 질환으로 세 차례나 정신병원에 강제 입원됐지만, 적절한 치료는커녕 오히려 학대 받았다는 게 난민위원회의 판단이었다.

그러자 이민자 관리 당국인 '시민권과 이민부'가 이에 불복해 연방법원에 소송을 제기했다. 오 씨 사건이 선례가 되어 한국의 다른 정신장애인들의 난민 신청이 쇄도할 것이고, 그렇게 되면 자국의 사회 비용이 증가할 것이라는 이유에서다. 그러나 연방법원은 2009년 5월 이 주장을 기각하고 난민위원회의 손을 들어 줬다.[1]

캐나다는 정신 보건 면에서 선진국으로 분류된다. 한국의 정신 보건 시스템이 난민 신청의 사유가 된다는 걸 국제적으로 공인받은 사건이었다. 우리나라 정신 보건 시스템은 국제기구에서도 여러 차례 문제를 지적받았다. 병원 중심 강제 입원, 장기 입원이 많고 지역 사회 인프라가 취약하다는 내용이 대부분이다.

● 정신병원은 실종자 집합소

「믿거나 말거나 찬드라의 경우」는 박찬욱 감독이 2003년 발표한 단편 영화다. 영화의 배경인 '찬드라 사건'은 멀쩡한 네팔 노동자 찬드라 꾸마리 구룽이 한국에 단기 비자로 왔다가 정신병원에 6년 4개월 동안 감금된 사건으로 1999년 언론에 보도되었다.

한 섬유 공장에서 보조 미싱사로 일하던 찬드라는 어느 날 식당에서 음식을 먹으려고 운동복 주머니에 2만 원을 넣고 나갔다가 돈을 잃어버리고 말도 안 통해 파출소에 잡혀간다. 행색이 남루하고 말이 통하지 않자 경찰은 그녀를 청량리정신병원에 보낸다. 나중에는 용인정신병원으로 옮겨져 6년 넘게 갇혀 생활한다.

네팔에서는 그녀가 행방불명되자 죽은 줄 알고 장례식까지 치른다. 찬드라는 나중에야 신분이 확인되어 네팔로 돌아간다. 찬드라가 대한민국을 상대로 소송을 제기했을 때 그녀의 감금 기간에 대해 국가가 지불한 보상금은 2,861만 원에 불과했다.[2]

국내에서도 비슷한 사건들이 많다. 1980년 3월 광주에서 친언니에게 전화하고 소식이 끊긴 한 정신장애인이 33년 뒤인 2013년 부산 해운대의 한 정신병원에서 발견되었다. 처음 조현병 행려병자로 정신병원에 수용되어 가족 관계나 인적 사항을 정확하게 얘기하지 못했다고 한다. 신분 확인 절차가 제대로 이루어지지 않는 게 우리 현실이다.

정신병원이나 정신 요양 시설에는 수십 년씩 생활하고 있는 사람들이 많다. 행려병자로 처리되어 들어온 사람 중 실종자들이 있을 것이다. 정신병원 수용자 중 주민등록번호나 연고가 확인되지 않아 정확한 신원을 알 수 없는 유령 같은 환자가 2019년 현재 전국 97개 정신병원에 363명이라 한다.[1] 가족에게 버림받은 경우도 있지만 실종되어 행방불명 처리된 경우도 많을 것이다. 대부분 10년 이상의 장기 수용자인데, 신원 미상 환자 10명 중 6명 정도가 부산 지역 40여 개 병원에 수용되었다. 이들이 입원한 시기가 형제복지원이 문 닫은 1987년부터 1990년 초반에 집중되어 있어 형제복지원 수용자일 가능성을 짐작할 수 있다.[3]

강남역 살인 사건과 범죄자 프레임

2016년 5월 17일, 강남역 인근 노래방 화장실에서 20대 여성이 한 남성에게 피습당해 사망하는 사건이 발생한다. 가해자는 조현병이 의심되는 환자였다. 알지도 못하는 여성을 살해한 이유에 대해 "여성들에게 무시를 당해 참을 수 없었다"고 진술했다 한다. 본인이 진술한 살해 동기가 여성 혐오 감정이었다.

그러나 다음날 경찰은 범인이 조현병, 공황장애 등으로 네 차례

......
1. 신원을 알 수 없어 건강보험심사평가원에서 의료급여 번호를 임의로 부여한 환자 수

걸쳐 입원한 기록이 있다며 '여성 혐오 살인'으로 보기는 어렵다고 발표했다. 경찰은 이 사건을 '정신 질환으로 인한 범죄'로 단정 짓고 '사회 안전을 위해 앞으로 정신 질환자를 어떻게 관리할지'에 초점을 맞춘다. 서슴없이 '정신 질환자의 위험도를 구분할 수 있는 체크리스트를 일선 경찰에 배포하고, 경찰이 행정 입원을 조치할 수 있게 하며, 당사자가 퇴원을 원해도 병원이 이를 거부하는 조치'까지 적극 검토하겠다고 한다. 정신장애인들을 위험군, 잠재 피의자로 분류한다는 것이다.

이 반응들은 과거 부랑인을 위험과 혐오 인자로 지목해서 일상에서 축출해 내었던 것처럼 정신장애인을 위험과 혐오 인자로 구분해 일상에서 도려내야 우리가 안전하다는 것이다. 강제 입원을 통해서라도 속히 치료를 유도하는 것이 정신장애인 당사자를 위한 길이라고도 말한다.[4]

여성들은 강남역 사건을 여성 혐오 살인, 페미사이드[2]로 받아들이고 강남역에서 추모를 이어갔다. 이 사건을 계기로 페미니즘이 재가동되지만 공권력은 정신장애인을 희생양으로 삼아 여성 혐오 살인의 혐의를 덮으려 했다. 결국 이 사건을 계기로 정신장애인 혐오가 대중에게 확산된다.

혐오를 배경 삼아, 공권력으로 정신장애를 관리하려는 해법이 제시된다. 법무부에서 나온 대책 중 하나는 정신병원과 경찰서가 환자 정보를 주고받는 것이었다. 이후 실제 경찰서와 정신병원 사이에 업무 협약이 30여 건 체결되었다고 한다.

.....
2. 여성female과 살해homicide를 합친 용어

2018년 12월 말 정신과 교수 사망 사건에 이어 2019년 4월에는 진주 안인득 사건이 벌어진다. 40대의 안인득이 자기 집에 불을 지르고 이 불길을 피해 건물에서 피신하던 주민들에게 흉기를 휘둘러 사상자 20여 명이 발생한 사건이다. 안인득의 정신 질환 병력이 알려지면서 정신 질환자 혐오에 불을 붙인다.

이 사건이 일어나기 전 안인득의 어머니가 경찰에 일곱 번이나 신고하였어도 제대로 처리되지 않은 사실, 정신장애인을 위한 지역사회 정신 보건 시스템이 전혀 작동하지 않은 측면은 자세히 언급되지 않는다. 복잡 다양한 원인에 대한 분석과 평가 없이 안인득 사건은 아주 단순하게 '정신장애인 범죄'로 정리된다. 범죄자가 정신장애인이면 사건의 배경과 경과가 어떠하든 사건 자체가 정신 질환에 의한 것으로 결론이 나 버린다.[5]

안인득 사건 이후 주민들의 불안감 해소, 사회 안전을 위한다는 명분으로 정신장애인 입원이 증가한다. 안인득 사건 직후부터 2020년 3월까지 입원 조치된 정신장애인은 월평균 625.1명이었다. 이는 안인득 사건이 발생하기 전인 2018년 9월부터 2019년 3월까지 월평균 338.4명보다 84.7% 증가한 수치다. 경찰 의뢰로 정신과 전문의가 지방자치단체장에게 신청해 입원하는 행정 입원은 월평균 18.1명에서 38.5명으로 112.7% 증가했다. 정신장애인의 자·타해 가능성이 있는 위급한 상황에서 진행되는 응급 입원은 월평균 320.3명에서 586.6명으로 83.1% 늘었다.[6]

강남역 사건에서는 '여성 혐오'가 실종되고, 안인득 사건에서는 '치안 부재', '지역사회 정신 보건의 부재'가 사라져 버린다. 정신장애인이 모든 혐의를 뒤집어쓰고 여론 재판대에 오른 셈이다. 다시 한 번 정신 질환의 폭력성, 불예측성이 공론화되면서 단속과 수용의 필요성이 강력히 제기된다.

안인득 사건 이후에도 한동안 정신장애인에 의한 강력 범죄가 쉴 새 없이 언론에 보도되었다. 강력 범죄가 발생하면 언론은 피의자가 정신 질환 병력이 있는지부터 따지기 시작한다. 보통 선진국에서는 정신 질환을 범죄와 연관 지어 보도하는 경우 엄격한 보도 지침 guideline을 갖는다. 정신장애인 인권을 보호하기 위한 지침이다.

우리 언론에는 아직 그런 보도 지침이 없어 기자 개인 성향에 좌우되는 경우가 많다. 대부분 정신장애인을 예비 범죄자로 간주하고 어떻게 관리하고 통제할 것인가에만 초점을 맞춘다. 범죄의 배경이나 정신장애인의 현실, 정신 보건 문제를 심층적으로 다루는 보도는 많지 않다.

● '위험한' 정신장애인

대표적 정신 질환인 조현병이 부각되면서 '조현병 범죄'라는 용어가 등장하고 정신장애인의 폭력성, 위험성이 크게 부각되었다. 어느 순간 사회 전체가 정신장애인에 의한 위험에 노출된 듯한 분위기가 만들어졌다.

정신장애인이 정말로 위험한지에 대해 객관 자료를 제시하는 보도는 그리 많지 않았다. 무분별한 정신장애인 범죄 보도는 정신장애인에 대한 혐오를 조장하고 사회적으로 낙인을 찍는 효과를 나타냈다. 결과적으로 정신장애인들의 고립은 심해질 수밖에 없다. 집에서 숨어 지내고 치료도 게을리 하게 된다.

실제 정신장애인 범죄율은 비정신장애인과 비교하면 아주 낮은 편이다. 2015년 검찰청 통계를 보면 정신장애인의 범죄는 전체 범죄 중 0.38%에 지나지 않는다.[3] 자료마다 차이가 있기는 한데 정신장애인의 인구당 범죄율은 비정신장애인에 비해 5분의 1에서 10분의 1 수준이다. 2017년 살인, 강도, 방화 등 전체 강력 범죄 중 정신장애인의 범죄는 1.1% 수준에 지나지 않는다. 전체 범죄율보다 약간 올라가기는 하지만 비정신장애인에 비하면 여전히 낮은 수준이다.

재범률은 약간 높다.[4] 정신장애 범죄인이 퇴원한 이후 직면하는 사회 경제 분야 제약이 중요한 재범 요인이다. 또 계속 치료받지 못해 재발하는 경우가 많으므로 이에 대한 적절한 대책 없이 재범률 수치만을 이야기할 수 없다.

객관 자료는 정신장애인의 범죄율이 비정신장애인에 비해 아주 낮음을 확인시켜 준다. 억울한 누명을 쓰고 있는 셈이다. 일부 극단적 사례가 부각되면서 오히려 정신장애인 전체를 혐오, 낙인의 구

......

3. 전체 범죄 건수는 1,771,390건, 이 중 정신 질환자 범죄는 6,890건
4. 2017년 전체 정신장애 범죄인 9,089명 중 66.2%인 6,014명이 전과자로, 9범 이상이 1,584명으로 17.4%를 차지. 같은 해 전체 범죄인 중 전과자 비율이 43.6%인 점과 비교하면 정신장애 범죄 재범률은 높은 편 (「[사회가 키운 조현병 범죄] ④ 재범률 높은 정신질환 범죄…지역사회 안전망 구축 시급」 『뉴스핌』 2019.4.25)

령으로 빠뜨리는 형국이다.

정신장애인이 범죄를 저지르면 당연히 처벌 받아야 한다. 다만 범죄와 정신 질환을 연관시킬 때는 매우 신중해야 한다. 다른 선량한 환자들이 잠재적 범죄자 취급을 당할 가능성이 커지기 때문이다.

신체 질병이 있는 사람이 교도소에 구속되면 치료가 계속된다. 정신 질환도 마찬가지로 교도소에서도 필요한 치료가 계속되도록 배려해야 한다.

범죄를 저지른 정신장애인을 치료할 치료 감호소는 2020년 현재 국립법무병원과 부곡사법병원 두 곳이 있는데 의료 인력 부족으로 적절한 서비스가 제대로 제공되지 못한다고 한다.

수용 기간 중 적절한 치료를 받고 사회로 복귀해서도 치료가 연속되어야 재범 가능성이 낮아진다.[7] 수용 기간 치료가 충분하지 못하고 출소 이후 지역사회와의 연계도 충분하지 못한 것이 현재 상황이다. 이를 강제하고 억압적인 방식으로만 해결하려는 것도 문제다. 필요한 서비스가 적절하게 제공되도록 시스템을 구축하는 것이 반드시 필요하다.

최근에 이탈리아는 정신장애인 구금 기간의 치료 감호 기능을 법무부에서 보건부로 이관했다. 정확하게는 국가건강서비스NHS에서 관할하도록 한 것이다. 이탈리아 의료 제도는 우리나라처럼 건강보험 방식이 아니라 세금으로 운영하는 영국 모델을 따른다.

세금으로 의료 제도를 운영하므로, 국가건강서비스NHS에서 교도소에 수용된 정신장애인의 치료도 담당한다. 건강보험 방식과는 차이가 크다. 우선 정신장애인을 단순히 범죄자로 보는 것이 아니라 치료 받아야 할 환자로 인식한다. 그리고 출소 이후 지역사회 치료, 재활 프로그램과의 연계도 훨씬 더 원활하게 이루어진다.

2019년 조국 법무부 장관 취임 문제로 한참 시끄러울 당시 조국 장관이 '국민께 드리는 다짐'을 발표했는데 이것이 정신장애인의 반발을 사기도 했다. 국민 일상의 안전을 위협하는 집단으로 '조두순 같은 아동 성범죄자' 다음에 '범죄를 반복하는 정신 질환자'를 지목하고, 위험한 정신 질환자에 대한 보호 관찰을 확대하겠다고 발표했다. 그리고 정신 질환을 가진 사람들이 범죄를 반복해서 저지르게 되는 근본 원인이 치료 거부에 있다고 보고 치료 명령을 대안으로 제시했다.[8]

이는 정신장애인을 예비 범죄자로 바라보는 전형적인 시각을 반영한다. 많은 사람이 정신장애인에 대해 불안해하고 막연한 공포에 사로잡혀 있으니 이에 대해 강력하게 법적 관리와 통제를 하겠다는 발상이다. 정신장애인의 범죄율이 비정신장애인에 비해 현저하게 낮다는 사실을 상기하면 전제부터가 잘못된 '다짐'이었음을 알 수 있다.

자살에 취약한 정신장애인

우리나라는 자살 공화국이라고 할 만하다. OECD 국가 중 자살률 1위다. 정신장애인의 자살 문제도 심각하지만 사회 전체가 자살

문제로 홍역을 앓는다.[5]

높은 자살률을 이해하려면 'IMF 외한위기'와 '빈곤을 동반한 고령화' 현상을 봐야 하고 이 둘의 연관성도 이해해야 한다. 우리나라 자살률이 언제부터 이렇게 높았는지를 보면, 연도별 자살률이 1990년대 들어 약간씩 오르다가 외한 위기를 기점으로 급상승하면서 추세가 고착된다.

자살률은 외환 위기 다음 해인 1998년 급상승했다가 이듬해 약간 감소한 후 계속 상승해서 지금에 이르고 있다. 외한 위기 계기로 신자유주의 정책이 전면 시행되고 비정규직이 보편화하면서 불평등과 격차의 확대, 고착과 궤를 같이한다. 2008년 유럽 경제 위기 때도 유럽 국가들의 자살률이 급증했다는 보고가 있다.

연령별로는 65세 이상 노년기에 접어들면서 자살률이 급증한다. 노년기의 삼중고인 빈곤, 질병, 외로움을 이기지 못하고 자살로 생을 마감하는 경우가 많기 때문이다. 자식 세대는 불안정한 고용과 수입으로 부양 능력이 떨어지고, 노인 세대는 준비 없이 맞이한 고령화에 허덕이는 셈이다.

노후 준비도 부족하고 사회 안정망도 부실한 상황에서 자식들에게 손을 내밀 수 없어 결국 자살을 선택하는 상황이다. 선진국에서는 노인이 되면 연금, 의료 지원 등 안전망이 본격 가동하기에 오히려 자살률이 감소하는 경향이다.

우리 사회의 근본적 방향 전환 없이는 자살 문제를 쉽게 해결하

......
5. 최근 1년 사이에 성인의 3.7%가 1회 이상 심각하게 자살을 생각하고, 0.7%가 자살을 계획하며, 0.3%가 자살을 시도한 것으로 조사됐음 (서의규, 「전국민 정신건강 검진, '우생학적 접근' 우려」『라포르시안』 2010.2.22)

기 어려울 것이다. 단순한 정신 건강의 문제가 아니어서 기술적으로 해결하기에 한계가 있을 수밖에 없다.

정신장애인의 자살 문제는 어떠한가? 정신장애인의 사망 원인을 보면 암에 의한 경우가 가장 높고 다음이 고의적 자해(자살)다. 인구 10만 명당 암에 의한 사망은 224.7명, 자살 207.6명, 심장질환 182.4명, 폐렴 147.1명이다. 비장애인의 사망 원인이 주로 암, 심혈관계 질환, 폐렴 등인 데 반해 정신장애인은 자살에 의한 사망이 높다는 사실이 눈에 띈다.[9]

정신장애인의 자살률은 전체 인구 자살률과 비교해 8.1배 정도 높고, 다른 장애인에 비교해서도 3.1배 높다.[6] 정신장애인 자살이 많은 이유는 정신 질환 특성 자체에 의한 것만으로는 모두 설명되지 않는다. 정신병원 퇴원 후 1년 내 자살률이 10만 명당 700명으로 OECD 1위인 것은 오히려 치료 과정 또는 그 이후의 정신적 상황이 자살로 내몰고 있음을 추정해 볼 수 있다. 그만큼 정신장애인은 자살에 취약하다.

사회적 혐오와 낙인, 이로 인한 고립감, 주거와 생계 고민, 미래 인생에 대한 좌절감이 정신장애인을 자살로 내모는 중요한 요인들이다. 지역사회에서 제대로 된 재활을 받고 거주할 곳을 마련하고 어디 취직해서 자기 생활비라도 벌 수 있다면 정신장애인의 자살은 크게 감소할 것이다.

......

6. 2016년 기준 전체 인구 중 자살로 인한 사망률은 인구 10만 명당 25.6명, 다른 장애인의 경우 66.8명인 반면 정신장애인의 경우는 207.6명으로 현격한 차이를 보임

이렇게 정신장애인의 범죄율은 비정신장애인에 비해 현저하게 낮고 자살률은 반대로 높다. 이들은 다른 사람에게 해를 입히기보다는 고립감과 좌절감으로 자해할 가능성이 훨씬 더 높다. 이들은 분리하고 배제할 대상이 아니라 사회가 수용하고 포용해야 할 사람들이다. 차별과 배제의 방침을 전환하여 포용과 통합의 기획을 마련해야 한다. 이 기획에는 무책임과 방관으로 일관했던 정부가 앞장서야 한다.

강제 입원과 인권 침해

2016년 4월, 정신병원 강제 입원이 주제인 이철하 감독 영화 「날, 보러와요」가 개봉된다. 이후 강제 입원에 따른 인권 침해 문제가 부각된다. 정신 보건 분야에서 강제 입원은 가장 뜨거운 감자이다. 강제 입원 자체가 환자의 자기 결정권에 반하는 과정이므로 강제 입원을 없애는것이 원칙인데 아주 특수한 경우, 즉 자·타해 가능성이 있을 때는 허용된다.

우리나라 정신 보건 분야에서 인권 침해 사례로 가장 자주 오르내리는 것도 강제 입원 문제다. 지금은 좀 까다로워졌다고 하지만 불과 몇 해 전까지만도 강제 입원은 당연한 통과 절차 정도로 인식되었다.

어느 날 갑자기 이송단이 다가와 양팔을 잡고 차로 실어 간 곳이 정신병원이고, 반항하다가 코끼리 주사[7]를 맞고 독방에 격리되고 결박당했던 경험을 얘기하는 정신장애인들이 많다. 인신 구속이 너무 쉽게 이루어지는 것도 문제이고 이를 견제할 장치도 미비하다. 퇴원도 자기 마음대로 할 수 없는 상황이니 자기 결정권이라는 기본권은 무용지물이 되고 만다.

강제 입원이 정신장애인이 아닌 멀쩡한 사람을 대상으로 이루어지기도 한다. 인신 구속이 복잡한 법 절차 없이 비교적 간단히 이루어지기 때문에 범죄 목적으로 자행되는 경우도 종종 있다. 아래는 신문 기사의 한 대목이다. 실제 강제 입원이 남용된 사례다.[10]

2010년 2월 경남에 사는 김 모(54) 씨에게 정체를 알 수 없는 건장한 체격의 남자들이 들이닥쳤다. 이들은 김 씨를 다짜고짜 묶은 뒤 구급차에 태웠다. 김 씨가 도착한 곳은 경북 김천의 한 정신병원. 영문도 모른 채 정신병원에 갇힌 김 씨는 법원에 '억울하게 갇혀 있으니 풀어달라'며 인신 보호 청구를 했다. 법원은 김 씨와 병원장 등을 불러 입원 경위를 조사한 뒤 '입원 과정에 부당함이 있었다'며 김 씨를 풀어줄 것을 병원에 명령했다. 김 씨는 법정에서 '형이 상속 재산을 독차지할 목적으로 나를 강제로 입원시켰다'고 주장했다.

강제 입원은 당사자들에게 심한 트라우마를 남긴다. 어쩔 수 없는 경우라 하더라도 그 과정 자체가 당사자에게는 고통스러운 과정이다. 그렇다고 입원 후 치료 과정이 이를 만회할 정도로 인권 친화

.....
7. 안정제 주사를 지칭하는 은어로 코끼리도 쓰러트린다는 의미

적이지도 않다. 강제 입원으로 인한 트라우마는 입원 자체를 거부하는 상황으로 이어지고 치료를 회피하는 현상으로 이어져서 치료 측면에서도 별로 바람직하지 않다. 유럽 등 선진국에서는 강제 입원 비율이 10% 정도로 낮게 유지된다.

2007년 한국 정부 최초의 정신장애인 인권 실태 조사를 국가인권위원회가 실시한다. 당시 비자의 입원율이 94%에 이르렀다. 2011년도 강제 입원 비율은 78.6% 수준이었으며 정신보건법이 개정되기 전까지 70%대 정도를 유지한다.[11]

법 개정으로 강제 입원 절차가 까다로워지면서 2018년에는 37%로 감소했다. 몇 년 사이에 반으로 감소한 셈이다. 그러나 실제 전체 정신 시설 입원 환자는 그대로이거나 약간 감소하는 수준을 유지한다. 이것이 어떻게 가능한가?

과거에 강제 입원된 상당수가 동의 입원으로 전환되는데 이것이 강제 입원 통계에서 자의 입원 통계로 바뀐 것이 크게 작용한 듯하다. 다시 말해 강제로 입원해서 장기 입원 상태인 환자들이 동의 입원 형식으로 전환되면서 자의 입원으로 보이게 된 것이다. 동의 입원 절차가 제대로 지켜졌는지도 의문이지만 어쩔 수 없는 동의 가능성이 높다. 시설을 나가도 당장 갈 곳이 없고 사회생활을 제대로 할 자신이 없으면 마지못해 동의하리라 여겨진다.[12]

강제 입원이 많다 보니 정신병원 입원이 치료에 도움 된다고 생각하기보다는 오히려 기피 원인으로 작용한다. 국가인권위원회 조사에서 '정신병원 입원이 당사자에게 효과가 있었나' 설문에 '그렇다'는 응답이 당사자는 11.4%에 그쳤고 가족의 경우도 25.6%로 그

다지 높지 않았다.[13]

국가인권위원회에는 정신병원 관련 진정이 많이 접수된다. 한 언론사에서 2015-19년 국가인권위원회가 내린 정신장애인 관련 결정문 229건을 분석했는데 이 가운데 202건(88.2%)은 정신 병동에서 발생한 차별이나 폭력과 관련 있었다.

유형별로 보면 부당한 입원과 퇴원 관련 결정이 95건으로 가장 많았다. 강제 입원 문제와 더불어 퇴원 과정의 인권 침해도 심각하다. 당사자가 퇴원을 요청해도 병원이 이를 무시하는 경우도 비일비재하다.

49건은 '생활 제약'에 대한 문제 제기다. 병실과 화장실에 설치된 CCTV 때문에 사생활을 침해당하고 수치심을 견뎌야 한다거나 병동 밖에서 햇볕을 쬐거나 신선한 공기를 마실 수 없다고 한다. 부당한 사물함 검사, 변호인의 접견 제한, 휴대전화 사용의 과도한 제한

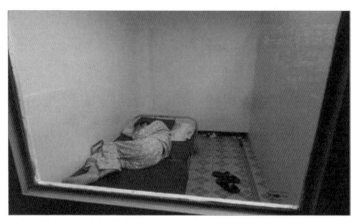

정신병원 독방 모습@인권의학연구소

등 일상을 제한하는 차별 요소들이 곳곳에서 작동한다고 호소했다. 33건의 진정은 폭행이나 과도한 가두기, 묶어두기 등이다.[14]

정신병원에는 안정실, 케어룸 care room 등으로 불리는 독방이 있다. 환자 치료를 위해 설치되었다고는 하지만 환자를 관리 통제하기 위한 수단이 되고 있다. 2015년 인권의학연구소 실태 조사에 따르면 환자가 느끼는 격리, 강박 중 인권 침해 양상이 다양하게 나타난다. 설명 없는 격리와 강박 시행(30.2%), 격리와 강박 중 환자 존엄성 침해(20.6%), 욕설과 심리적인 인격 훼손(16.3%), 과도한 신체 폭력(15.9%), 부당한 음식 제공 거부(9.1%), 성희롱과 성폭력(4.7%) 등이었다.[15]

● **정신병원이 집인 사람들**

우리나라 정신 보건 이슈에서 가장 중요한 것 중 하나가 장기 입원 문제다. 한 번 입원 기간도 선진국에 비교해 길 뿐 아니라 장기간 정신병원에 입원한 환자 수도 많다.

2016년 기준 보건복지부의 시·도 장애인 등록 현황을 보면, 전국 정신장애인 수는 10만여 명이다. 이 가운데 정신병원에 입원한 이는 69,162명으로 70%에 가깝다. 등록되지 않은 장애인까지 포함하면 인원은 더 늘어날 것이다.[16] 2017년 자료를 보면 정신 병상은 전체 95,019병상으로 이 중 정신 요양 시설이 13,285병상(14%) 정도 차지한다. 병상이 다 차지는 않았겠지만 그래도 실제 입원 환자가 8

만 명 이상 될 것으로 보인다.

입원 중인 환자가 많기도 하지만 입원 기간도 상당히 길다. OECD 회원국의 조현병 환자 평균 재원 기간은 50일인 데 비해 한국은 6배가 넘는 303일이다.[17] 한 번 입원하면 1년 가까이 병원에 입원하는 것이다. 조현병 급성 악화 증상을 안정시키는 데 필요한 실제 기간보다 훨씬 더 오랜 기간 병원에 입원해 있는데 이는 치료가 아닌 다른 이유가 있기 때문이다.

코로나19가 집단 발병했던 청도 대남병원 정신병동 첫 번째 희생자였던 조현병 환자도 20년 이상 대남병원에 입원해 있었다. 정신병원의 경우 이 병원 저 병원 옮겨 다니며 입원하는 예도 부지기수다. 20대에 발병하여 인생의 대부분을 정신병원에서 생활하는 환자 이야기는 드문 사례가 아니다.

정신 요양 시설은 주로 중증 정신장애인들이 거주하다 보니 입

[표 6] 2013년, 59개 정신 요양 시설 입원 환자의 입원 기간

기간	인원	비율(%)
5년 미만	3,335	30.1
5-9년	2,118	19.1
10-14년	2,648	23.9
15-19년	1,050	9.5
20-24년	731	6.6
25-29년	681	6.2
30-34년	332	3.0
35-39년	157	1.4
40년 이상	20	0.20
계	11,072	100

원 기간은 더 길어질 수밖에 없다. 입소자의 70% 가까이가 5년 이상을 시설에 머문다.([표 6])[18]

정신병원 입원 환자 중 50대 이상이 64%에 이른다는 통계가 있다. 장기 입원인 경우가 많고 앞으로도 퇴원하여 사회로 복귀할 가능성이 상대적으로 낮다. 수십 년을 정신병원이나 정신 요양 시설에서 살아가는 환자가 사회로 나가 제대로 적응하고 생활할 수 있을지 불분명하다. 독자적으로 사회에서 생활할 수 있는 능력을 상실한다. 이런 상태에서는 지역사회에서 삶의 질이 나아진다는 보장도 없다. 탈시설이 이들에게는 악몽일 수 있다. 그래서 악순환은 계속된다. 정신 질환의 문제보다 장기 입원이 초래하는 심각한 부작용이다.

이런 상황이 초래한 과정을 살펴볼 필요가 있다. 과연 이들이 애당초 수십 년을 정신 요양 시설에서 지내야만 했는지 의문을 가져야 한다. 이런 상황 자체가 필요했는지부터 살펴볼 일이다.

정신 질환은 10대 후반이나 20대에 발병하고 증상이 나빠져 입원을 하게 된다. 호전되어 퇴원해서 지내다 증상이 나빠지면 다시 입원하는데 이런 과정을 반복하다 보면 학업, 취직 등 정상적인 사회생활을 하기 어려워진다. 사회에 나왔을 때 제대로 재활 치료 받을 곳이 마땅치 않고 가족과 갈등도 깊어지면서 지낼 곳이 여의치 않으며 취직하기는 하늘의 별따기다.

정신병원에 입원했다가 집으로 돌아가는 것이 가족에게 부담이 될 수도 있다. 그러면서 시설에서 지내는 시간이 점점 길어지고 장기 입원으로 이어진다.

정신 병상 운영자 입장에서는 병상이 빈 것보다 누군가 입원하면 수익에 도움 된다. 시설을 대부분 민간에서 운영하니 수익은 중요한 행위 요인 중 하나이다. 적극 퇴원시킬 이유도 없다. 치료나 재활을 위해 필요한 입원이 아니라 이런저런 이유로 입원을 유지하게 되는 '사회적 입원'이 상당수다.

국가인권위원회 조사를 보면 입원이 길어지는 이유는 '퇴원 후 살 곳이 없기 때문에'(24.1%), '혼자서 일상생활 유지가 힘들기 때문에'(22.0%), '가족 갈등이 심해 가족이 퇴원을 원치 않아서'(16.2%), '병원 밖에서 정신 질환 증상 관리가 어렵기 때문에'(13.3%). '지역사회에서 회복, 재활을 위해 받을 수 있는 서비스가 없기 때문에'(8.1%) 등이다.[19]

우리나라 정신 보건이 일본의 영향을 많이 받아 왔는데 민간 시설 중심의 장기 입원 양상도 전형적인 일본의 영향이다. 일본도 병원 중심의 시설 수용이 정신 보건의 중심이다. 일본 전체 정신 질환 환자 수는 400만 명 정도로 추산한다. 2018년 전수 조사 결과 전체 정신 병상이 33만 병상으로 인구 비례로 따져볼 때 우리보다 많다. 50년 이상 장기 입원 환자도 1,773명에 이른다.[20]

일본에서 입원 환자가 많고 입원 기간도 길어지는 이유는 우리처럼 사회적 입원이 많아서다. 의학적으로 입원할 필요가 없는 사람들을 사회적 이유로 입원시키는 경우다. 일본의 의료 보호 입원[8]은

......
8. 한국의 보호 의무자 입원과 유사

정신 질환과 관련된 거의 모든 질환이 포함되어 대상의 범위가 넓고 요건도 굉장히 광범위하며 추상적이다. 병원에 한 번 입원하면 오래 있게 되는데 퇴원 후 갈 곳이 없는 경우가 많다. 그리고 치매 환자들이 정신 질환으로 분류되어 정신병원에 많이 들어가 있다.

일본 정부가 수년 내 7만 병상을 줄이겠다고 하지만 쉽지 않아 보인다. 대부분 민간이 운영하는 시설이어서 행정 개입에 한계가 있고 지역사회 정신 보건 인프라가 취약하다는 점에서 우리와 유사하다. 2016년 기준 일본은 1,636개 정도의 정신병원이 있는데 90%가 민간 병원이다. 병원 입장에서 이 환자들을 다 내보내 버리면 경영이 어려워질 수밖에 없다.

병상 33만 4,544개, 환자 수 28만 7,793명으로 전체 병상의 86%밖에 채워지지 않은 상황에서 사회적 입원 환자를 내보내면 민간 병원은 거의 다 망할 가능성이 높다. 일본 정부가 병원들에 동기를 제공하기 위해 병원 일부를 그룹 홈 같은 거주 시설로 개조하도록 권하고 있으나 편법일 뿐이다.[21]

●   **입원이 어려운 응급 환자**

사실 정신 병상은 넘쳐나는데 급성기 응급 환자를 입원시키기가 그리 쉽지 않다. 장기 입원을 목적으로 하는 병상은 계속 늘었으나 급성기 치료 병상은 감소해 왔기 때문이다. 대학병원들은 수익이 낮다는 이유로 정신과 폐쇄 병동을 일반 병실로 전환하고 있다.

급성기 병상을 유지하려면 그만큼 대기하는 인력도 확보하고 있어야 하고 위험 부담도 따르기 때문에 병원들이 선뜻 급성기 병상을 개설하려는 엄두를 내지 못하기도 한다. 그래서 인력 확보가 용이하고 위험 부담도 적으며 수익도 어느 정도 보장되는 장기 입원 병상으로 몰리는 현실이다.

상태가 일시적으로 악화되었을 때 급성기 치료 병상으로 단기간 입원 치료를 받고 호전되면 바로 퇴원하여 사회로 복귀함이 이상적이다. 그러나 급성기 병상은 계속 줄어들고 장기 병상은 확대되어 온 것이 우리나라 정신 병상의 변화 추세다.

머나먼 지역사회

정신장애인 정책이 정신병원과 정신 요양 시설 등 시설 중심으로 이루어지다 보니 지역사회 정책은 소홀해질 수밖에 없다. 지역사회 인프라가 절대로 부족하여 시설로 몰리는 것일 수 있다. 닭이 먼저냐 계란이 먼저냐의 문제일 수 있지만 정신병원이나 정신 요양 시설이 당장 시설 중심 사고에서 벗어나기를 기대하기는 어려운 실정이다.

2019년 2월, 국가인권위원회는 「정신장애인 지역사회 거주 치료에 대한 실태조사」결과를 발표했다. 지역에 거주하는 등록 정신장애인 당사자 375명과 가족 161명을 대상으로 이루어진 조사에서 응답자의 57.6%가 무직 상태였다. 일하는 경우도 보호 작업(16%),

계약직(10.1%), 임시 취업(3.5%) 등 불안한 고용이 대다수였고 정규직
은 7.7%에 그쳤다.

평균 가계 소득은 50만 원 미만이 30.5%로 가장 많았고, 50-100
만 원은 28.2%였다. 절반이 100만 원에 못 미치는 소득으로 생활하
는 형편이다. 응답자의 50%가 기초 생활 수급자이고 차상위 계층
이 9%였다.[22]

지역사회 인프라 구축을 위하여 특별하고 획기적인 대책이 필요
하다. 그렇지 않고는 시설 중심의 정신 보건 시스템을 넘어서기 어
렵다. 정부의 노력이 절실하게 필요하다. 해방 이후 정신장애인에
대한 정부 정책의 기조는 방치하거나 관망하면서 민간에 떠넘기는
방식이었다. 패러다임의 변화가 필요한 이유이기도 하다.

지역사회의 정신 건강 인프라의 범위는 상당히 광범위하다. 정신
건강 복지 센터, 정신 재활 시설, 직업 재활 시설, 주거 시설 등의 하
드웨어 부분에서 재활, 상담, 고용 등의 영역까지 포괄한다.

정신보건법 제정에 따라 처음으로 지역사회 정신 보건을 담당할
정신 보건 센터가 정부 지원으로 지역마다 생기기 시작한다. 그러
나 정신병원 중심을 넘어 지역사회 중심의 정신 보건 체계를 구축
하는 데까지는 나아가지 못한다. 오히려 정신 보건 센터들은 정신
병원 또는 대학 병원 정신과에 의존하거나 종속되었다. 대체재보다
는 보완재로서 역할에 그치고 만다.

정신 재활 시설, 직업 재활 시설, 주거 시설 모두 부족한 게 현실
이다. 정신 재활 시설은 절반 가까이 수도권에 몰려 있어 지역 격차
가 심하다. 지방의 경우 없는 곳이 다반사여서 재활 치료를 받으려

면 시설이 있는 곳으로 이사를 해야 하므로 그냥 포기하는 경우도 많다.

그리고 공공에서 운영하는 정신 재활 시설은 아직 없다. 모두 민간에서 운영하는데 수익이 나는 사업이 아니다 보니 민간 참여도 한계가 있다.

직업 재활 시설의 상황은 더욱 열악하다. 정신장애인들의 직업 적응, 직무 기능 향상을 돕는 직업 재활 시설은 전국 18곳에 불과하다. 정신장애인을 제외한 나머지 장애인을 위한 직업 재활 시설이 2016년 기준으로 582곳인 점과 비교된다.

이 때문에 시설이 없는 지역에 사는 정신장애인들은 수도권으로 유학을 떠나기도 한다. 직업 재활 시설 확대가 더딘 이유는 예산 부족과 지방자치단체의 무관심 때문이다. 현재 운영 중인 18곳은 모두 민간 시설이다.[23]

장애인복지법 15조의 족쇄

현행 장애인복지법은 정신 질환자를 정신장애인으로 규정하면서도 제15조를 두어 차별하고 있다. 「정신건강 증진 및 정신 질환자 복지서비스 지원에 관한 법률(정신건강복지법)」은 대통령령으로 정하는 바에 따라 이 법의 적용을 제한할 수 있다'고 제15조에서 규정한다. 이에 따라 정신장애인은 주거 편의, 상담, 치료, 훈련 등 장애인 복지 서비스 대상에서 제외되어 장애인 복지 시설을 이용할 수

[만평] 장애인복지법 15조 폐지@『마인드포스트』, 이동수 화백, 2019.10.25

없다. 정신장애인은 보편적 장애인 복지 전달 체계에서 배제되는 셈이다.[24]

이로써 장애인복지법에 따른 다양한 복지 혜택을 받을 수 없다. 3,390곳에 달하는 장애인 복지 시설도 정신장애인에게는 그림의 떡이다. 그렇다고 이에 준하는 복지 지원이 정신보건법에 규정되어 있지도 않다. 개정된 정신건강복지법에 복지 관련 조항이 일부 들어 있기는 하지만 현장에서는 큰 차이를 느끼지 못하는 실정이다. 외려 정신장애인 당사자들은 이 규정 폐지를 주장해 왔다.

빈약한 재정 지원

결론부터 얘기하면 우리나라 정신 보건에 투여되는 예산은 절대 부족하다. 보건 예산 중 정신 보건 예산은 1,713억 원으로 전체 보건 예산 11조 1,499억 원의 1.5%밖에 되지 않는다. 이는 OECD 국가 평균 5.05%의 3분의 1 수준이다.[25] 예산 자체가 부족하니 적절한 서비스를 제공하기 어려워진다.

여기서 이야기하는 정신 보건 예산에는 입원 환자 진료비를 충당하는 건강보험 재정이나 의료급여 예산은 포함되지 않았다. 대부분 지역사회 정신 보건 사업에 투여되는 금액이다. 전체 보건 예산도 마찬가지이다. 병원에서 이루어지는 정신 건강 관련 진료비 재정이 4조 8천억 원 정도에 이른다고 하니 지역사회 정신 보건 사업 예산과 비교해 보면 엄청난 차이임을 알 수 있다. 90% 이상의 재정이 병원 중심으로 사용되고 있다.

이탈리아의 경우 전체 정신 보건 예산의 80% 이상이 지역사회 정신 보건 사업을 위해 사용된다고 한다. 당연한 말이지만 정신 보건의 무게 중심을 어디에 두느냐에 따라 예산 흐름이 결정된다.

가족이 짊어진 짐

무엇보다 정신장애인 당사자들의 고통이 가장 크겠지만 가족들이 겪어야 하는 고통도 못지않다. 당사자와 갈등도 만만치 않고 때로는 가해자의 입장에 서게 되며 이 때문에 죄책감에 시달리기도 한다. 외부에서 쏟아지는 혐오와 낙인도 피하기 어렵고 때로는 불이익도 감수해야 한다.

가족 중 누군가 처음 정신 질환 증상이 나타나면 그게 질병에 따른 증상이라고 이해하기까지 시간이 걸린다. 정신 질환에 대한 이해 부족 그리고 인정하지 않으려는 부정적 태도로 인해 적절한 치료 시점을 놓치기 일쑤다. 가족은 정신 질환 증상들에 대처하는 방법을 몰라 그 과정에서 당사자와 갈등을 빚을 때가 많다.

증상이 악화되어 입원 치료가 필요한 경우 당사자에게 질병 관련 자각이 없으면 가족이 강제로 입원을 시키는 경우에 갈등을 빚기도 한다. 특히 입원 경험이 좋지 않은 경우 당사자는 자신을 강제로 입원시킨 가족을 원망한다. 갈등이 깊어지면서 가족 공동체 자체가 어려움에 놓이게 된다. 정신장애인이 독립 생활을 할 여건이 안 되면 결국 시설로 내몰리게 된다.

정신 의료 기관이 없던 시절에 가족에 의해 무허가 기도원, 정신요양원으로 보내진 후 입소 기간이 길어지면서 가족과 연락이 두절되는 경우도 종종 생긴다. 가족도 죄책감에 시달릴 수밖에 없다. 시설의 인권 침해 사례가 드러나면 시설이 일차적으로 비난받지만 이런 곳에 당사자를 방치한 가족도 마찬가지로 비난 받는다.

자식이 정신장애인이면 부모 처지에서 걱정이 앞선다. 결혼도 못하고 직장도 없으면 더욱 그럴 것이다. 본인들이 죽고 나서 자녀인 당사자가 살아갈 방도가 막막해 보여 괴롭고 다른 자식들에게 부담만 남기는 것 같아 걱정이다.

가족을 향한 혐오와 낙인도 피하기 어렵다. 가족을 정신장애인과 동일시하는 시선도 있다. 혐오 시선을 피하려고 가능한 당사자 외부 노출을 꺼리게 된다. 모임이 있어도 당사자는 자연스럽게 빠진다. 당사자는 움츠리거나 숨어야 한다.

과거에는 공공연히 결혼 상대자를 구할 때 집안에 정신 질환이 있는 사람이 없는지를 확인해야 한다는 우생학 지침이 언론에 소개되기도 했다. 실제 결혼 기피 사유가 되기도 하였다. 시설에 들어가 있는 정신장애인 형제의 존재를 알리지 않고 결혼하는 사례도 있었다. 나중에 자식에게도 알리지 않아 결국 '존재하지 않는 존재'로 남게 된다.

그동안 온전히 가족들이 짊어진 짐을 이제 국가와 지역사회가 함께 나누어야 할 때다. 가족의 실제 부담이 줄어야 당사자와 가족의 관계가 제대로 복원될 수 있고 그 과정을 통해 당사자 자신도 존재를 회복할 수 있다.

1. 윤삼호, 「한국 정신장애인 캐나다서 난민 지위 획득」, 『에이블뉴스』 2009.6.23

2. 손성환, 「네팔 이주민의 대부 시토울라 "서울은 고향 같은 곳이죠"」, 『천지일보』 2018.12.05

3. 윤정혜, 「살아 있는 유령 '행려 환자'… 왜 유독 부산에만?」, MBC, 2019.10.15

4. 서중원, 「형제복지원 사건과 강남역 살인사건」, 『인권운동사랑방』 2016.6.8

5. 박종언, 「당사자주의 원칙 지키고 장애인 복지법 15조 폐지 공동 투쟁해야」, 『마인드포스트』 2019.10.16

6. 박종언, 「'안인득 사건' 후 정신장애인 입원율 84% 증가」, 『마인드포스트』 2020.4.22

7. 「[사회가 키운 조현병 범죄] ④ 재범률 높은 정신질환 범죄…지역사회 안전망 구축 시급」, 『뉴스핌』 2019.4.25

8. 박정수, 정신장애인 동료지원 활동, 지역사회 서비스 대안 될 수 있을까?」, 『비마이너』 2019.9.11

9. 중앙정신건강복지사업지원단, 「정신건강동향」 vol 9, 2019.4.12

10. 박성국, 「"재산다툼 중 정신병자로 몰아"…'억울한 감금' 4년새 8배 늘어」, 『서울신문』 2013.2.8

11. 이상호, 「정신장애 운동의 현황과 과제」, 강의자료, 한국정신장애인자립생활센터 홈페이지(http://kmdpcil.com/)

12. 박종언, 조성용, 「일본은 긴급입원을 '위험성'이 아니라 '치료'와 '보호'라는 측면에서 합니다」, 『마인드포스트』 2019.9.27

13. 허현덕, 「'정신장애인 절반이 무직' 저소득, 사회적 배제, 의료제도 미비로 삼중고 겪어」, 『비마이너』 2019.2.28

14. 강재구, 「병원 돌고 도는 '회전문 입원'…차별과 폭력도 '회전'」, 『한겨레신문』 2020.3.25

15. 인권의학연구소, 「정신병원 격리 · 강박 실태조사」, 국가인권위원회 보고서, 2015

16. 권지담, 오연서, 「가정 · 학교 폭력으로 정신장애…세상이 병 주고, 날 가뒀다」, 『한겨레신문』 2020.3.25

17. 권지담, 오연서, 같은 2020년 글

18. 서민지, 「정신 요양 시설 환자 절반 10년 이상 입원」, 『메디컬업저버』 2013.10.14

19. 허현덕, 같은 2019년 글

20. 박종언, 조성용, 같은 2019년 글

21. 박종언, 조성용, 같은 2019년 글

22. 허현덕, 같은 2019년 글

23. 김민호, 「정신장애인 직업재활시설 18곳뿐… 다른 장애인 시설 3390곳 이용 허용해야」, 『한국일보』 2019.4.9

24. 김혜미, 「정신장애인 배제하는 장애인복지법 제15조, 개정이냐 폐지냐」, 『비마이너』 2018.3.30

25. 「[사회가 키운 조현병 범죄] ④ 재범률 높은 정신 질환 범죄…지역사회 안전망 구축 시급」, 『뉴스핌』 2019.4.25

6장

여기
우리가
있다

　정신장애인의 삶은 수난의 연속이었다. 자신의 의지와 상관없이 단지 질병이 있다는 이유로 사회에서 냉대 받고 혐오의 대상이 되었다. 낙인은 지워지지 않고 오랜 기간 계속되었다. 일제 강점기에 형성된 우생학 기반의 정신 건강 패러다임은 100년 넘게 유지되었다. 기본 골격은 지금도 마찬가지다.

　정신장애인들의 인권을 회복하고 지역사회 복귀를 도모하려면 이제 정신 건강 패러다임 자체를 바꿔야 한다. 이 전환이 우리 사회 인권의 바로미터가 될 것이다. 국가가 패러다임의 전환을 주도해야 할 시점이다.

● 정신 건강 패러다임의 전환

　우리나라 정신 보건은 병원 중심으로 조직 운영되는 현실이다.

1990년대부터 정신 병상이 확충되기 시작하고 정신보건법에 의해 강제 입원을 명문화함으로써 입원 병상의 확대가 가속화한다. 이에 따라 정신 병상을 소유하거나 운영하는 정신 의학계의 권력도 더불어 확대되어 왔다.

무허가 기도원과 정신 요양원에서 정신병원으로 환자 이동이 어느 정도 마무리되었으나 정신병원이라는 또 다른 시설이 갖는 한계가 너무나 명확하다. 장기 입원 병상이 확대되는 한편 응급 상황에서 단기 입원 치료를 받을 수 있는 급성기 정신 병상은 축소되는 현상은 현 정신 보건 시스템의 기형적 구조를 반영한다.

정신병원은 강제 입원과 장기 입원이라는 두 가지 기제로 병상을 유지해 왔다. 강제 입원 자체는 환자에게 트라우마로 남으며, 정신 질환 치료가 아닌 악화 요인이 되거나 사회 복귀를 어렵게 하는 장벽으로 작용한다.

정신 보건 시스템의 정점에 있는 정신과 의사들은 민간이 주도하는 정신 병상의 소유와 경영에 직간접으로 관계할 수밖에 없다. 그래서 현재 과도하게 확장된 정신 병상의 축소에 소극적이다. 사회 복지 관련 법인도 한몫 한다. 법인에 의해 관리되는 정신병원의 경우는 대개 법인 설립자의 일가에 의해 계승되는 방식이다. 족별 경영의 폐단이 고착될 수밖에 없는 태생적이고 구조적인 한계를 갖는다.

지금처럼 강제 입원과 장기 입원으로 유지되는 시스템은 환자의 치유와 회복, 사회 복귀에 결코 도움이 되지 않는다는 사실이 확인되었다. 정신병원 중심 패러다임을 이제 바꿔야 할 때다. 결국 정신장애인들 역시 지역사회에서 비장애인들과 더불어 살아가야 하므로 이를 지지하고 지원하는 지역사회 정신 보건 시스템으로 패러다임을 전환해야 한다.

병원 중심, 입원 중심에서 지역사회 중심의 정신 보건으로 넘어가기 위해 우리가 모델로 삼을 수 있는 대표 국가는 이탈리아다. 이탈리아와 우리나라의 정신 보건은 여러 측면에서 대조가 된다. 두 나라의 보건 의료, 사회 경제 조건이 다르므로 구체적인 실행 방식은 달라질 수밖에 없으나 개혁 방향을 설정하는 데는 크게 도움을 얻을 수 있다. 6장 끝에서 그 내용을 다룬다.

패러다임이 전환되면 정신 건강 복지 센터, 정신 재활 시설, 직업 재활 시설, 사회적 협동조합, 지원 주택 등 다양한 지역사회 인프라가 구축되는 동시에 장기 정신 병상은 감소하게 될 것이다.

이런 전환을 어떻게 끌어낼 것인가가 지금의 과제다. 현실적으로 정책과 법을 바꾸는 것이 목표지만 이것이 가능하려면 정신장애인을 예비 범죄자 다루듯 하는 언론의 태도가 바뀌어야 하고 시민 의식이 더 성숙해질 필요가 있다. 그리고 무엇보다 정신장애인 당사자의 각성과 분발이 필요하다.

정신장애인 당사자 운동의 태동

우리나라 정신장애인 당사자 운동은 서구 여러 나라와 비교하면 한참 늦은 편이다. 다른 장애인 운동과 비교해도 늦다. 장애인 운동이 1980년대에 시작하여 투쟁의 성과를 내면서 오랜 기간 계속된 것과 비교해 정신장애인 운동은 2000년대 들어서 시작되었다.

당사자 운동에 대해 여기서는 언론에 보도된 단편 내용을 중심으로, 활동에 대한 평가보다는 사실 중심으로 기술하였다.[1]

1995년 정신보건법 시행을 앞두고 정신장애인 가족 모임이 부산을 시작해 전국으로 퍼져나간다. 정신장애인 운동은 당사자보다 가족이 먼저 시작했다. 정신장애인 당사자 그룹도 조직되었으나 정치적 영향력은 미미했다. 당시는 당사자나 가족들이 정치적 담론을 만들어 갈 공론의 장도 없었다.

그리고 10년 정도 지나 정신장애인 당사자 운동이 폭발적으로 터져나왔다. 특히 정신건강복지법 개정을 기폭제로 곳곳에서 당사자 운동 단체가 탄생했다. 이들은 당사자의 존엄에 대한 국가의 법적 제도적 보장을 요구하고, 언론의 무분별한 정신장애인 희생양 만들기에 저항했다.[1]

정신장애인 권익 옹호 단체로 한국정신장애인협회, 수원마음사랑, 한국정신장애인연대, 한국정신장애인자립생활센터, 정신장애와 인권파도손(다음엔 파도손) 등이 설립되어 활동하고 있다.

한국정신장애인협회는 2000년 10월 전라북도 무주에서 열린 '해바라기 축제'에서 결성되어 정신장애인 인권과 인식 개선, 차별 철폐를 위해 활동한다. 2015년 10월 임시 총회에서는 그간 대한정신보건가족협회 영향에서 벗어나지 못했다는 반성과 더불어 독자 활

.....

1. 소개에서 빠진 단체들이 있을까 싶어 미리 양해 구합니다. 당사자 운동 관련해서는 차후 본격적인 정리와 평가 필요

동을 위해 활발하게 논의한다.

수원마음사랑의 출발은 오래전 경기도 광역정신보건센터로 거슬러 올라간다. 센터에서 당사자 운동이 시작됐다. 당시 언론들이 만들어내는 조현병 등 정신장애에 대한 편견으로 당사자들이 설 자리가 좁아지자 몇몇 회원들이 뜻을 모아 자조 모임을 만들어 저항을 시작했다. 2008년 다시 결성된 당사자 모임이 수원마음사랑의 시작이다.

2017년 『경기일보』 주필이 정신장애인에 대해 편견으로 가득 찬 글을 쓴 적이 있다. 정신장애인들의 권리와 인권을 무시하는 모독적인 언사가 주를 이루었으며 정신장애인의 문화 역시 존중하지 않는 글이었다. 이에 마음사랑 소속 당사자와 가족들이 경기일보사 앞에서 집회를 가졌고 이후 사과를 받아냈다. 비록 당사자 30여 명의 작은 목소리였지만 왜곡된 언론을 향해 외친 목소리는 여러 장애인 단체들의 주목을 받았다.[2]

한국정신장애연대는 정신장애인과 가족들의 인권과 복지 증진을 위해 2010년 5월 29일 창립대회를 열었다. 의료의 틀에서 벗어나 정신장애인 인권과 복지에 대한 새로운 패러다임을 만들어 가고자 정신장애인 당사자와 가족, 전문가, 활동가가 함께 연대해 정신장애인의 인권 옹호, 교육, 훈련, 지원 및 연수 사업을 펼친다.[3]

한국정신장애인자립생활센터는 우리나라 최초의 정신장애인을 위한 자립 생활 센터로 2012년 12월 설립되었다. 정신장애인의 지역사회 자립을 지원하는 자조 단체로 정신장애인 주도의 자립 생활 역량 강화 프로그램을 진행한다. 정신장애인이 직접 동료를 위한 권익 옹호 사업과 회복 지원 서비스에 나서는 것이다. 자립 생활 훈련, 권리 옹호 활동, 당사자 자조 모임 운영 및 지원 사업 등을 수행한다.

그리고 정신 보건 전달 체계에서 전문가 중심 서비스가 아닌 당사자의 자기 결정권이 존중되고 당사자 중심 서비스가 실현될 수 있도록 노력한다.[4] 설립 당시는 당사자와 지인들의 후원으로 유지했으나, 2016년 7월 29일 서울시가 정식 단체로 인정하면서 보조금을 받게 되어 공식적으로 문을 열고 활동에 들어갔다.[5]

정신장애인의 지역사회 생존권 확보를 목적으로 활동하게 될 정신장애인지역사회생존권연대(다음엔 연대)가 2013년 출범했다. 한국정신장애인연합, 한국정신장애인자립생활센터 등 정신장애 관련 6개 단체로 구성된 연대는 2013년 7월 8일 기자회견을 열며 시작을 알렸다.

연대는 향후 정신장애인 인권 옹호의 구심체, 정신장애인 탈의료와 복지 정책 개발, 정신장애인 복지 담론 확산과 시민 사회 연대의 중심이라는 3대 비전 아래 활동한다고 밝혔다.[2] 이 자리에서 연대는 보건복지부가 입법 예고를 완료한 '정신보건법 전부 개정안'에 대해 현장과 학계의 의견이 철저히 무시됐다고 비판한다.[6]

파도손은 치료 환경의 개선과 강제 입원의 완전한 폐지를 위해 활동한다. 주로 온라인에서 활동하다가 이윽고 현장으로 나온다. 강제 입원 관련 조항인 '정신보건법 24조'에 대한 헌법소원에도 참여하였다.

......

2. 구체적 활동 전략으로는 정신장애인 관련 법제의 인권 침해 현황 분석 및 개선 방안 제시, 정신장애인 당사자 중심의 지역 복지 운동 전개, 중앙 정부 정신장애인 복지 제도의 올바른 발전을 위한 견제와 비판, 정신장애인 복지 재정 혁신 및 확대를 위한 제반 사업 전개 등 8가지를 제시

정신장애인 당사자 운동은 2013년 국가인권위원회 발표회에서 획기적 변화를 맞게 된다. 2013년 12월 20일 정신장애인 200여 명이 모여 정신병원 장기 입원과 강제 입원 피해자 진정을 하면서 성명서를 발표했다. 한국 정신장애인 당사자들이 정신보건법 폐지를 선언한 날이기도 하다. 정신장애인들이 주체가 돼 정치적 해방 운동을 본격 시작한 원년이라고 평가한다.[7]

정신장애인의 권리를 옹호하는 '정신장애인 당사자 권리선언'([부록 3])이 2018년 6월 1일 열린 '당사자의 권리 선언을 위한 대토론회'에서 선포됐다. 이 선언은 전문前文을 포함해 치료에서의 권리, 사회생활에서의 권리, 가족생활에서의 권리, 사회적 편견 해소 등 항목에 세부 내용을 담았다.

선언은 강제 입원을 완전히 폐지하고 자기 결정권을 보장, 지역사회에 자립해 살면서 노동할 권리, 당사자 자조 모임의 독립성, 평화로운 가족생활을 할 권리, 불가침적 권리로서 타인과 다를 권리, 미디어의 왜곡된 인식 조장 중단, 정신장애인을 차별하는 모든 법과 제도의 완전 폐지를 주장하였다.

정신장애인 당사자들이 만드는 인터넷 신문인 『마인드포스트』(mindpost.co.kr)가 '우리를 빼고 우리에 대해 이야기하지 말라'는 슬로건을 내걸고 2018년 6월 11일 창립한다.

『마인드포스트』는 공동체에서 끊임없이 무시되고 배제돼 온 당사자 이야기를 정치적으로 담론화하고 평등한 사회를 위한 저항의 자리에 선다고 했다. 외롭고 고독하고 길고 어려운 길이겠지만 예속된 정신장애인의 해방을 위해 한발 한발 걸어가겠다고 선언한다.[8]

파도손 등 정신장애인이 주도적으로 논의해 법안을 구성한 '진주 참사방지법'(정신건강증진 및 정신질환자 복지서비스지원에 관한 법률개정안)이 김상희 의원 대표 발의로 2019년 10월 15일 국회에 접수되었다. 이 법의 핵심은 정신 건강 복지 센터에 정신장애인 동료 지원가 채용 근거를 마련한 부분이다.

그리고 정신장애인의 권리 보호를 위해 현재 시범 사업으로 운영하는 '절차 보조 서비스'[3]의 법률 근거도 마련하고 정신 재활 시설에 정신장애인 쉼터 설치도 추가했다. 쉼터는 입원이 필요할 정도의 응급 상황이 아닌 경우 당사자가 방문해 안정을 취하고 사회에 복귀할 수 있는 시설이다. 정신 응급 대응 체계를 구축할 책임이 국가와 지방자치단체에 있다고 못박았다.[9]

2019년 10월 26일 매드프라이드Mad Pride 행사가 우리나라 처음으로 서울에서 개최된다. 정신장애인 창작문화 예술단체 안티카[4]를 중심으로 한 매드프라이드 조직위원회가 광화문 광장에서 개최한 행사였다. 이 날 행사는 사회적 관심을 끌면서 그 동안 은폐되어 온 정신장애인 문제를 환기시키는 데 기여했다고 평가받는다.

제1회 매드프라이드 서울 포스터@매드프라이드 조직위원회

.....
3. 절차 보조 서비스는 정신장애인의 입원부터 퇴원 이후까지 지원하는 서비스로 동료 지원가의 역할이 중요
4. 2018년 창립. 당사자 즉흥 연극 「약 먹어도 괜찮아」 공동 창작극 「하얀 방」 등을 공연

서구에서 정신장애인 당사자 운동이 본격 등장한 것은 1970년대다. 우리나라보다 30-40년이 빠르다. 당시 반전 운동, 페미니즘, 시민권 운동 등의 흐름과 궤를 같이하면서 성장한다.

미국의 경우 1950년대만 해도 정신병원에 70만여 명 정신장애인이 입원했는데 1960년대에 들어 54만여 명이 정신병원에서 퇴원한다. 미국에서 당사자 운동은 1970년대 초반부터 본격 시작된다. 초기의 당사자 운동은 1960년대 급진주의로부터 커다란 영향을 받았다.

오레건, 뉴욕, 보스턴, 샌프란시스코 등에서 당사자 단체들이 결성되어 활동하기 시작한다. 1978년에 출판된 쥬디 챔벌린(1944-2010)[5]의 『On Our Own』(1978)은 미국 등의 당사자 단체 설립에 자극을 줬다. 이 책은 정신 보건 체계를 개선하는 핵심이 통제권을 당사자에게 부여하는 것이라고 주장한다. 이 책의 영향을 받아 1980년대 후반까지 100개 이상의 당사자 단체가 생겨난다.

당사자 단체들은 자조나 회복의 핵심 원칙에는 동의했지만 다른 이슈들에서는 시각 차이를 보인다. 사회 운동을 지향하는 단체도 있고 개별 치료를 중심으로 접근하는 단체도 있다. 또 당사자 단체에 전문가 혹은 당사자가 아닌 사람을 배제하는 부분, 의료 모델의 거부 수준, 당사자들의 참여에 비용을 지불하는 부분에서 차이를 나타낸다.

이러한 차이는 1980년대 당사자들에 의해 설립된 전국 조직에서

.....

5. Judi Chamberlin. 정신장애인 당사자 운동의 활성화와 국제 네트워크 구성에 결정적인 역할을 하였으며 정신장애 차별주의를 지칭하는 멘탈리즘mentalism이라는 용어를 처음으로 사용

도 그대로 나타난다. 미국의 정신장애인 운동은 정부가 당사자들에게 예산을 지원하고 관련된 프로그램을 확산시키는 데 기여했으며 정신 보건 기관 내 당사자 직원 증가, 당사자의 정신 보건기관 평가 및 조사 참여를 끌어냈다.[10]

미국에서 당사자 운동은 외부에서 강제로 주입한 정체성을 거부하는 데서 시작하였다. 의료 패러다임은 정신장애인에게 '환자'라는 정체성을 부여하여 수동적 위치에 머무르게 한다. 정체성을 정의하는 용어에 따라 자신들의 정체성이 달라지기 때문에 '재정의' 과정은 지금까지도 계속된다.

새롭게 등장한 정체성으로 북미 지역에서는 소비자consumer, 생존자survivor, 이전 환자ex-patient를 주로 사용하며, 영국은 정신과 생존자psychiatric survivor 또는 서비스 이용자service user를 주로 쓴다.[11]

정신장애인 자립 생활 운동

정신장애인 자립 생활 운동은 1990년대 말 일본과의 교류로 우리나라에 소개된다. 그러나 정신장애인의 경우 편견이 심하고 당사자 활동이 미약하여 제대로 활성화되지 못했다.

우리나라 최초의 정신장애인 자립 생활 센터인 '한국정신장애인 자립 생활센터'는 실제 2012년 설립되나 2016년 되어서야 서울시 인증을 받고 본격적으로 활동을 시작한다. 서울시에만 이미 40여 개가 넘는 장애인자립생활센터가 운영되고 있었으나, 정신장애인들을 위한 자립 생활 센터는 전국 최초였다. 그만큼 장애인 복지 분야에서 정신장애인에 대한 지원은 미미하다.[12]

정신장애인들의 자립 생활에서 제일 중요한 것이 주거 문제다. 가족과 같이 살 수 있는 경우도 있지만 가족과 갈등이 있는 경우도 많고 사정상 독립 가구를 꾸려야 하는 경우도 많아 주거 문제 해결이 시급한 숙제다.

이를 위해 지방자치단체의 역할이 상당히 중요하다. 서울시는 정신장애인의 안정적인 사회 복귀와 지역사회 정착을 위해 '서울시 정신장애인 자립 생활 주택 시범사업'을 기획·운영하고 있다. 2018년에 자립 생활 주택 4호를 시작으로 주택과 자립 지원 서비스를 확대해 나갈 예정이다. 지원 서비스 내용으로는 주택 보증금과 집기류를 지원하고 개별 입주자 특성에 맞춘 자립 서비스를 제공하는 것이다. 주택 입주자의 자립 생활에서 동료 정신장애인 당사자 '자립 지원가' 직군을 양성해 다양한 자립 지원 서비스를 제공하기 위해 노력하고 있다.[13]

정신장애인들의 자립 생활 지원에 대한 논의는 이제 막 시작하는 단계다. 자립 생활 센터, 지원 주택 등 모델에 대한 논의들이 진행되고 있다. 정신장애인 당사자가 단순히 대상이 아닌 주체로 참여할 수 있는 방안이 모색되어야 한다.

정신장애인 동료 지원 사업은 정신장애인 당사자가 활동가로 직접 정신장애인 상담, 사회 복귀 등에 참여해 지원하는 제도를 말한다. 회복을 경험한 당사자가 비슷한 어려움을 가진 동료를 찾아가 자신의 경험을 나누며 그들의 회복을 돕는 활동이다.

일정한 교육을 받은 당사자는 전문 요원에게는 없는 정신 질환에 대한 '경험 지식'이 있다. 동질감과 공감 능력, 수평적 관계에서 오는 친밀감은 전문 요원 상담 이상의 효과를 불러온다는 사실은 잘 알려져 있다.[14] 동료 지원가는 정신장애를 먼저 경험하고 회복한 선배로, 다른 동료 장애인의 회복을 돕고 멘토 역할을 한다. 정신장애인이 유사한 경험을 한 동료와 연대해 자기 주도적으로 회복해 간다는 장점이 있다.

동료 지원 사업은 당사자에게 당사자 관점의 지원 서비스를 제공한다는 의미도 있지만 서비스 제공자인 당사자 본인에게 안정된 일자리를 제공한다는 의미도 있다. 정신장애인이 사회에서 일자리를 구하는 게 쉽지 않아 동료 지원 사업이 활성화되면 그만큼 당사자 고용 문제 해결에도 도움이 될 것이다.

동료 지원 사업은 1970년대 미국의 장애인 자립 생활 운동에서 시작됐다. 1981년 버클리 자립생활센터는 센터에서 활동하는 장애인을 '동료 상담가peer counselor'로 불렀는데 이후 정신장애인이 동료 상담가로 활동하는 센터들이 계속 생긴다. 미국의 경우 2017년 기준 3만 명 이상의 정신장애인 동료 지원가가 있으며 그 수는 계속 늘고 있다.

현재 미국, 캐나다, 영국 등 여러 나라에서 광범위하게 활용된다. 호주 일부 주에서는 동료 지원 사업 실시로 정신장애인의 병원 입원 기간을 최장 3개월로 단축하고, 의료 비용 수천만 원을 절감하는 등 정신장애 회복 관련 긍정 효과도 보고됐다.[15]

서구에서는 활성화된 제도지만 우리는 아직 걸음마 단계다. 2006년 서울 지역 정신 재활 시설에 다니는 정신장애인 30명이 '정신장애인 리더십 훈련 프로그램'을 받고 2007년에 자조 모임 '같이 가는길'을 결성한 게 시발점이었다.

2008년 한울정신건강센터가 센터 이용을 기다리는 대기자들을 위해 동료 방문 서비스를 실시했고, 2011년 전국 14개 정신 재활 시설이 모여 동료 상담 활동 개발, 보급을 위한 '동행' 프로그램을 진행한 바 있다. 2013년 서울시 정신건강복지센터는 한국장애인고용공단 고용개발원과 함께 동료 지원 활동을 새로운 직무로 개발하고, 정신건강복지센터와 정신 재활 시설에 동료 지원 활동가를 고용하는 프로젝트를 진행했다.

보건복지부는 회복된 정신장애인 당사자를 동료 지원가로 양성하여 지역사회의 고립된 정신장애인을 방문, 상담, 생활 지원을 진행하겠다고 밝힌 바 있다. 이를 위해 표준 교육 과정을 개발, 보급하여 광역 센터와 전문 기관에서 교육하고, 교육을 이수한 후 지역 정신건강복지센터에서 사례 관리, 응급 개입 팀에 참여하는 방안이다. 보건복지부의 기관 평가 항목에 동료 지원 사업이 들어감으로써 정신건강복지센터와 정신 재활 시설에서 동료 지원에 관한 관심이 커

지기는 하였지만 아직 활발하게 운영되고 있지는 않다.[16]

동료 지원은 일상생활을 지원하는 것뿐 아니라 위기 상황, 응급 상황, 치료 과정에 개입하여 당사자 의사 결정을 지원하는 것도 포함한다. 이것이 '절차 보조인' 사업인데 2019년 1월부터 시범 사업이 진행되었다.[6] 병원 안 환자와 바깥에서 사회생활하는 동료 지원 활동가들이 만나 소통하면서 입원 생활을 지원하는 것이다. 이를 위해서는 병원 측의 도움이 꼭 필요하나 아직 원활하지 않으며, 가족들의 이해도 부족하다.

주된 활동은 일주일에 한 번씩 이용자의 면회나 외출을 지원하는 것이다. 이용자들이 한결같이 원하는 것은 퇴원이다. 절차 보조팀은 퇴원 후 지역사회에서 살아가는 데 필요한 자원, 가령 공동 생활 가정이나 사회 복귀 시설에 대한 정보를 제공한다. 이용자가 퇴원하면 정기적으로 연락하여 지역사회 통합을 지원하는 것도 주된 일이다.[17]

● **공공 후견 사업**

정신장애인들은 가족과 연락이 끊겨 무연고로 남는 경우가 많고, 그 상태로 장기간 시설에서 지내는 경우도 허다하다. 이런저런 이유로 정신장애인이 제때 치료를 받지 못해 악화되거나 재산을 노린 범죄에 무방비로 노출되는 사례도 종종 있다.

.....

6. 서울은 파도손, 경기도는 우리다움, 부산은 광역정신건강센터에서 지원

정신건강복지법 이미 시행에 따라 탈시설 흐름이 예상되면서 사회적 돌봄의 한 방식으로 공공 후견 사업에 관심이 증가한다.[18] 공공 후견인은 우선 환자의 입·퇴원 결정과 재산 관리를 돕고 사회 복귀 서비스를 지원하는 역할을 맡는다. 정신건강복지법에는 후견인이 반대하면 가족(보호 의무자)이 정신장애인을 강제 입원시키는 것을 막을 수 있는 조항이 있다.

후견인이 필요한 경우는 많으나 실제 이용하는 사람은 1% 정도에 불과하다. 스스로 후견인의 도움을 받을 수 없는 경우 공공 후견 사업에 적용할 수 있다. 이에 따라 복지부는 2017년부터 정신 장애인 공공 후견 사업을 시작하였다. 발달 장애인에 대해서는 2014년, 치매 노인에 대해서는 2018년부터 이미 시행 중이다.[7]

복지부는 우선 전국 정신 요양 시설 59곳에 입소한 1만 477명 중 가족이 없는 500여 명을 대상으로 자격 심사를 거친 뒤 공공 후견인을 정해주기로 한 바 있다. 보건복지부 정신장애인 공공 후견 지정 법인은 5곳이다.[8]

● 함께 살기

자립 생활 운동도, 동료 지원 사업도, 공공 후견 사업도 모두 지역사회에서 더불어 살아가는 세상을 지향한다. 시설에서 나와 세상

......
7. 현재 발달 장애인, 정신 장애인, 치매 노인을 위한 공공 후견인 사업 담당 부서가 각각 다름. 부서별로 사업을 운영, 서로 연계가 안 되어 효율이 떨어진다는 평가 있음
8. 2017년 6월 현재, 이 중 태화복지재단(태화샘솟는집), 한울정신건강복지재단 2개 법인이 서울 지역을 관할

속에서 자립할 수 있기를 기대한다. 그러나 시설은 견고하고 지역사회 정신 건강 인프라는 부실하다. 지역사회로 나왔다가도 못 견디고 다시 시설로 들어갈 수밖에 없는 상황이다.

정신장애인들이 지역에서 살아가기 위해서는 다양한 정신 건강 기반 시설이 구축되어야 한다. 정신 건강 복지 센터가 지금보다 확대, 강화되어야 하고, 정신 재활 시설, 직업 재활 시설 등이 곳곳에 설치되어야 한다. 주거 시설을 확충하고 취직할 수 있는 여건도 마련되어야 한다.

고용 문제 해결을 위해서는 사회적 경제의 역할이 중요하다. 일반 고용 시장에서 쉽게 일자리를 구하지 못하는 경우가 많아 당사자 맞춤형 일자리 창출이 필요하다. 앞서 언급한 동료 지원 사업도 그 중 하나이다. 이외에도 사회적 기업이나 협동조합 등 당사자가 직접 주체로 참여하거나 이들을 위한 맞춤형 일자리를 제공해 줄 수 있는 단위의 활성화도 필요하다.

2018년 초 정부는 '커뮤니티 케어 사업' 추진을 공식화하고 구체 방안들을 마련한다. 이후 '지역사회 통합 돌봄'으로 명칭이 바뀌면서 2019년부터 노인, 장애인, 정신장애인 대상의 시범 사업이 2년 예정으로 시작되었다.

정신장애인 시범 사업은 경기도 화성시에서 담당하고 있다. 여기서 하나의 모델이 나오기를 기대해 본다. 다양한 방식의 다양한 시도를 계속하면서 큰 흐름을 만들어 가야 한다.

우리나라 정신 보건의 미래를 탐색하기 위해 다른 나라의 사례를 검토해 볼 필요가 있다. 대부분 선진국은 1960년대 이후 탈시설 과정을 거치면서 지역사회 정신 보건이 자리를 잡아 나간다.

그 중에서도 이탈리아는 가장 급진적인 방식으로 탈시설을 이뤄내고 지역사회 정신 건강 서비스를 안착시켜 '이탈리아 모델'을 제시한다.

이탈리아의 '바살리아 법'은 일시에 공공 정신병원을 폐쇄한 법으로 유명하다. 1978년 이 법이 제정되지만 실제 전국의 정신병원이 전부 문을 닫는 데는 20여 년이 걸린다. 1997년 돼서야 정신병원에 입원했던 마지막 환자가 퇴원한다. 소규모의 사립 정신 병상이 남기는 했지만 대규모 공공 정신병원이 문을 닫으면서 그 공백은 정신 보건 센터와 정신 재활 센터를 중심으로 하는 지역사회 정신

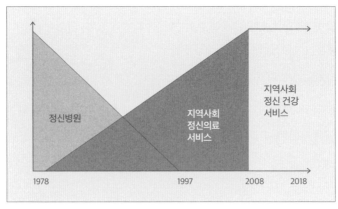

[그림 2] 이탈리아 정신 건강 서비스의 발전 과정

보건 시스템이 채우게 된다.

[그림 2]에서 보듯 정신병원을 폐쇄하면서 초기에는 정신 보건 센터 중심으로 '지역사회 정신 의료 서비스'를 제공한다. 정신 보건 센터에 의사, 간호사, 상담사 등이 배치되어 환자에게 필요한 처방을 하고 위기 대응도 병행하면서 방문 상담, 직업 재활 등에도 폭넓게 관여한다. 지역에 따라 발전 정도에 차이를 보

프랑코 바살리아

이는데 대략 2008년이 되면 어느 정도 전국적 체계를 완성한다.

이탈리아 정신 보건 당국은 이제 한 단계 더 진전된 '지역사회 정신 건강 서비스' 체계를 도입한다. 의료에 방점 찍는 정신 의료 서비스에서 건강에 방점을 찍는 정신 건강 서비스로의 전환이다. 의료 서비스 제공만으로 충분하지 않고 오히려 의료 영역은 최소로 하고 상담, 재활, 거주, 고용 등 생활 관련 서비스 지원 필요성을 우선하는 정책으로 전환하여 시행한다.

이탈리아 정신 보건 개혁의 중심 인물인 프랑코 바살리아(1924-1980)[9]가 활동했던 시기는 1960-70년대다. 그는 정신병원 원장으로 재직하면서 병원 안에서 개혁에 매진하고 결국 병원 해체를 법제화한 '바살리아 법' 제정을 끌어내는 데 지대한 역할을 한다.[10]

.....

9. Franco Basaglia, 이탈리아 정신과 의사로 이탈리아 정신 보건 개혁 운동을 주도하여 바살리아 법 제정을 이끌어냄
10. 『자유가 치료다』(건강미디어협동조합, 2018), 『정신병원을 폐쇄한 사람』(문학동네, 2020)이 이탈리아 정

『자유가 치료다』 표지 @건강미디어협
동조합

당시 이탈리아의 정신병원은 대부분 공공 정신병원으로 보통 환자 1천 명 안팎 수용하고 직원도 수천 명에 이르는 대규모 공공 시설이었다. 이런 정신병원이 전국에 70여 곳으로 여기 수용된 환자는 모두 7만 명이 넘었다. 이들 병원은 지방 정부 관리 아래 있으므로 당연히 지방 정부 책임자나 지역 정치인, 관료들도 정신 보건에 대한 관심이 높을 수밖에 없었다.

바살리아는 1960년대 고리찌아 정신병원에 근무하면서 병원 개혁을 위해 다양한 시도를 하지만 지방 정부의 비협조로 지역사회 정신 보건으로 나가지 못하고 병원에 갇혀 버리게 된다. 결국 이 병원을 떠나고 나중에 트리에스테의 정신병원으로 옮긴다. 여기서 그는 이 지역 지방 정부의 지지와 지원을 받아 결국 정신병원의 문을 닫는 데 성공하게 된다.

이 시기 우리나라는 정신과 의사도 그리 많지 않았고 정신병원도 발달하지 않았다. 정신 의학 서비스를 받을 수 있는 환자 자체가 한정될 수밖에 없었다. 이탈리아처럼 정부나 지자체가 나서 공공 정신병원이나 수용 시설을 건립하지도 않는다. 정신 의학 접근성이 아주 낮았기에 이 공백을 메운 것은 기도원과 정신 요양원 같은 민간에서 설립한 무허가 시설들이었다.

신 보건 개혁 사례를 상세히 기술

224

행정 감독의 사각 지대에 있었기에 실태 파악조차 제대로 이루어지지 않았다. 기도원의 경우 종교 외피를 쓰고 있어 행정력이 미치기가 더 어려웠다. 치료는 고사하고 수용 환경도 열악하고 인권 침해가 다반사로 일어나지만 실제 감독은 어려웠다.

당시는 군사 정부가 지배하던 시절로 부랑인 같은 주변인 격리 수용이라는 정책 방향과 일치했기에 적극적으로 문제를 개선하려는 행정 노력을 기대하기 어려웠다. '의도적으로 방치된 상황'이 수십 년 동안 계속된다. 1995년 정신보건법 제정을 계기로 정신 병상이 엄청나게 증가하고 정신 요양 시설들도 일정한 조건을 갖춰 합법 시설로 탈바꿈한다.

지금은 무허가 기도원과 정신 요양원은 쇠퇴하고 그곳 환자들은 합법 정신병원과 정신 요양 시설로 이동했다. 환경이 개선된 점은 있겠으나 여전히 시설 격리, 수용이라는 기본 프레임은 그대로 유지된다.

이탈리아와 우리나라는 인구가 비슷하고 경제력도 비슷해 비교 대상으로 삼기에 적절하다. 그러나 정신 보건 상황은 사뭇 다르다. 앞서 얘기한 정신 보건을 둘러싼 역사 경과가 다르기 때문이다. [표 7]은 두 나라의 정신 보건 관련 지표 중에서 몇 가지를 정리해 놓은 것이다.

바살리아 법에 따라 공공 정신병원을 모두 폐쇄한 이탈리아의 경우 응급 상황에 대비한 정신 병상과 사설 정신 병상이 6,000병상

[표 7] 우리나라와 이탈리아 정신 보건 현황 비교

	이탈리아	한국
인구	5,900만여 명	5,100만여 명
정신 병상	6,300여 병상	정신 병상 전체 95,019병상
		정신 요양 시설 13,285병상 (14%)
		공공 병상 6,633병상 (7.2%)
정신 보건 센터	1,387곳 (인구 4만 명당 1곳)	243곳 (인구 20만 명당 1곳)
정신 재활 시설	2,440여 곳 (인구 2-3만 명당 1곳)	349곳 (인구 15만 명당 1곳)
예산	지역사회 정신 보건에 80% 이상 할당	정신 병상 유지에 80% 이상 할당

넘게 남았다. 이 정도로도 필요한 병상 수요를 모두 수용하고 있는 듯하다. 그만큼 꼭 필요한 경우 한하여 최소 기간 입원하는 정책을 고수하고 있다.

반면 우리나라는 정신 요양 1만여 병상 포함하여 모두 9만 이상의 병상이 있다. 1990년대 이후 정신 병상이 계속 확장된 결과이다. 정신건강복지법 이후 정신 병상들은 감소 추세를 보이나 미미한 정도이다.

그리고 주목할 사실은 이들 정신 병상을 대부분 민간에서 운영하고 있어 사실상 정부가 직접 통제하기 어렵다는 것이다. 정신 병상 중 국공립 병상은 대략 7-8%에 불과한 실정이다. 이는 일반 병상도 비슷해서 우리나라 병상의 과도한 민간 의존도를 보여준다. 우리나라 정신 보건이 지역사회보다는 정신병원 중심으로 구성되었고 이 또한 민간 중심으로 운영된다. 이러한 특성은 정신 보건 개혁 방향의 성격을 확인할 단서이기도 하다.

지역사회 정신 보건의 핵심은 정신 보건 센터다. 이탈리아의 경우 전국에 1,300곳 이상이 분포한다. 인구 4-5만 명당 한 곳 정도이다. 우리나라는 전국 243개로 대략 기초 지자체 단위마다 한 곳 정도이고 일부 기초 지자체에는 센터가 없다. 센터에 등록된 정신 질환자 수는 9만 명을 넘어서지만 이들을 관리하는 사례 관리자는 2천여 명에 그친다. 사례 관

『정신병원을 폐쇄한 사람』 표지@문학동네

리자 1인당 45명의 환자를 돌봐야 하는 실정이다.

이탈리아 정신 보건 센터는 한 곳당 인력도 우리보다 훨씬 더 많다. 의사, 간호사, 상담사들이 고용되어 진료, 상담 등 폭넓은 역할을 수행한다. 지역사회 정신 보건의 허브 역할을 담당하는 셈이다. 우리는 센터에서 정신과 의사를 직접 고용하는 경우가 드물고 운영 자체를 대학병원이나 종합병원 정신과 또는 정신과 의원에 위탁하는 경우가 많다.

이 경우 위탁 의료 기관의 정신과 의사가 소장을 맡는데 한 주간에 1-2회 정도 기관을 방문해 업무를 수행한다. 책임감이 떨어질 수밖에 없는 구조다. 센터 직원들은 위탁 기관이 바뀔 때마다 소장과 재계약을 해야 한다. 대부분 계약직으로 고용이 불안정하다. 일은 힘들고 고용은 불안정해 직원들이 오래 일하지 못하고 그만두는 경우가 많다.

지역사회 정신 재활 시설도 이탈리아의 경우 인구 2-3만 명당

한 곳인데 우리는 인구 15만 명당 한 곳으로 차이가 있다. 정신 보건 센터는 정부 지원으로 운영되는 데 비해 정신 재활 시설은 전부 민간에서 설립 운영하고 있다. 전적으로 민간에 의존하다보니 지역 편중 현상이 심하게 나타난다. 정신 재활 시설의 거의 절반 정도가 서울과 경기 등 수도권에 몰리고 강원, 경남, 전남 등 일부 지역은 서너 곳 정도로 지역 내 수요를 소화해내지 못한다.

주거, 고용 등 생활 지원을 위한 인프라도 열악하다. 이탈리아는 정신장애인이 직접 참여하거나 이들을 지원하기 위한 사회적 협동조합이 발달해 정신 건강 분야에서 중요한 역할을 담당한다.

궁극적으로 지향해 나갈 방향은 정신장애인 개인별 맞춤 지원이다. 진료나 재활이 필요한 경우 이를 지원하고 주거가 당장 필요한 정신장애인에게 주거를 위한 공간을 제공하고 고용이 필요하면 이를 주선해 줄 수 있도록 시스템이 구축되어야 한다.

전체 정신 보건 예산의 집행을 보면 이탈리아는 예산의 80% 이상이 지역사회 정신 보건에 쓰이는데 우리는 80% 이상이 병원으로 들어가고 있다. 정신 보건이 지역사회 중심으로 돌아가느냐 병원 중심으로 돌아가느냐를 단적으로 보여주는 지표이다. 예산이 지역사회로 흘러가도록 해야 지역사회 정신 보건이 살아날 수 있음이 확실하다.

과연 이탈리아의 정신 보건이 우리의 미래가 될 수 있는가? 1970년대의 이탈리아와 지금의 우리 현실은 여러 면에서 차이가 크다. 이탈리아는 대규모 정신병원들이 공공 병원이어서 지방 정부가 관

제1회 매드프라이드 퍼레이드에서 광화문 앞을 지나는 파란 말 '마르코 까발로'. 이탈리아 정신 보건 혁명의 상징, 2019년@매드프라이드 조직위원회

리하였다. 그래서 지방 정부의 개혁 의지는 정신병원의 개혁에 중요한 동력으로 작용하였다. 바살리아와 같은 개혁 성향의 정신과 의사들은 일종의 공무원 신분으로 정신병원 경영에 경제면에서 얽이지 않고 자유로웠다.

우리나라 정신병원은 대부분 정부 아닌 민간이 운영한다. 민간 법인이 운영하거나 정신과 의사가 직접 운영해 경제적 이해 관계가 얽힌다. 그리고 몇몇 대형 병원을 제외하면 병원 규모도 그리 크지 않다. 중앙 정부나 지방 정부가 직접 경영에 관여할 수 있는 여지도 거의 없다. 그런 면에서 개혁에 대한 자발적 동력을 기대하기가 쉽지 않다.

1970년대 이탈리아 정신 보건 개혁 운동은 바살리아 같은 개혁적인 정신과 의사 그룹을 중심으로 다른 사회 운동과 연대하여 뚜렷한 성과를 이루어낸다. 우리나라에서 이제 막 등장한 정신장애인 당사자 운동은 아직 미약하고 사회 운동과 연대도 활발하지 않다. 개혁을 끌어내기에는 역부족이다.

그래서 우리 현실에서 이탈리아 방식의 개혁 노선이 바로 작동하기는 어려워 보인다. 그러나 이탈리아가 끊임없이 추구한 지역사회 정신 보건 모델은 여전히 뜻깊다. 어떤 방식으로 목표를 향해 나갈지 어떤 경로를 따라갈지는 더 많은 고민이 필요하다. 지향하는 목표는 어찌 보면 이탈리아가 추구하는 것과 동일하다. 그런 의미에서 이탈리아 모델은 우리에게 여전히 유효하다.

1. 박종언, 「광기의 자유로운 정치적 발언을 위하여-정신장애인 대안신문 『마인드포스트』의 태동과 준비, 전망」 2018.5.31 cafe.daum.net/hanwoolwrite

2. 임형빈, 「'마음사랑'은 정신장애인 저항 운동의 대변인 역할할 것」, 『마인드포스트』 2018.9.12

3. 최미라, 「풀뿌리 정신장애인 운동을 아시나요?」, 『헬스포커스』 2010.7.9

4. 한국정신장애인자립생활센터 홈페이지 http://kmdpcil.com

5. 최정근, 「한국 최초 정신장애인자립생활센터 지역사회에 문 열어」, 주민참여 인터넷 마을 방송 블로그, 2016.8.19

6. 황지연, 「'정신장애인지역사회생존권연대' 출범」, 『에이블뉴스』, 2013.7.8

7. 박종언, 「당사자주의 원칙 지키고 장애인복지법 15조 폐지 공동 투쟁 진행해야」, 『마인드포스트』 2019.10.16

8. 박종언, 「광기의 자유로운 정치적 발언을 위하여-정신장애인 대안신문 『마인드포스트』의 태동과 준비, 전망」 2018.5.31 cafe.daum.net/hanwoolwrite

9. 이재호, 「정신장애인이 만든 법안 국회 발의됐다」, 『한겨레21』 2019.10.29

10. 최석범, 「한국 정신장애인 운동 발전, 단체 성장 중요」, 『에이블뉴스』 2016.12.22

11. 송승연, 「정신장애 당사자 운동이 필요한 이유」, 『가톨릭뉴스 지금여기』 2017.10.10

12. 최정근, 「한국 최초 정신장애인자립생활센터 지역사회에 문 열어」, 주민참여 인터넷 마을방송 블로그, 2016.8.19

13. 김영환, 「서울시, 정신장애인 자립생활 주택 시범사업 시행」, 국민TV, 2018.11.5

14. 박정수, 「정신장애인 동료지원 활동, 지역사회 서비스 대안 될 수 있을까?」, 『비마이너』 2019.9.11

15. 이재호, 같은 2019년 글

16. 박정수, 같은 2019년 글

17. 박정수, 같은 2019년 글

18. 조건희, 「홀몸 정신 질환자에 공공후견인」, 『동아일보』 2017.6.8

지난 100년 근현대 우리 역사에서 정신장애인이 자리할 공간은 없었다. 일제 강점기 정신장애인 관리는 식민 지배의 일환으로 시작해 시대의 흐름이었던 우생학의 강력한 영향 아래 놓였다. 혐오와 낙인, 이를 잇는 차별과 배제는 이들을 사회로부터 분리시켰고 급기야 시설에 가두었다. 변두리 존재였던 부랑인들과 뒤엉킨 정신장애인 잔혹사는 우리 역사에 어두운 그림자를 남겼다.

해방 후에도 이들 삶은 달라지지 않았다. 한국 전쟁을 거치고 군사 독재가 지배하는 역사의 소용돌이 속에서 정신장애인들은 무허가 기도원과 정신 요양원에 갇혀 폭력을 견뎌야 했다. 이들을 위한 법률은 없었다. 1995년 비로소 정신보건법이 제정된 후에는 정신병원이라는 새로운 공간으로 이동해 갔을 뿐 사회로부터 분리된 신분은 달라지지 않는다.

지난 과거는 정신장애인에게 수난의 역사였고 그 수난은 지금도 계속된다. 아마 당분간은 희망이 없을지도 모른다. 종교도, 사회복지도, 의료도 모두 이들을 외면했다. 이들에게 돌아온 것은 격리와 수용 그리고 갇힌 공간에서 자행된 폭력이었다. 굶기고 구타당하고, 독방에 감금당하기 일쑤였다. 그러다 생을 마감하는 경우가 허다했다.

국가는 이들의 수난을 조장하거나 방치하였다. 이들의 문제가 제도 안에서 논의되는 걸 막았고 법률 제정을 저지했다. 우리 사회 정신장애인은 국가가 책임질 대상이 아니라고 여겼다. 제도와 정책에서 사라진 그들은 어두운 장막 뒤에서 신음해야 했다. 법에서 다룰 가치조차 없는 존재였던 정신장애인은 해방 후 50년이 지나서야 비로소 법의 대상으로 편입된다.

1995년 어렵게 정신보건법이 제정되고서야 사회적 존재로 인정받지만 격리, 수용이라는 이전의 패러다임 자체가 바뀐 것은 아니다. 여전히 7만 명 이상의 정신장애인이 정신병원, 정신 요양 시설에 갇혀 살아간다. 우리나라 전국 교도소에는 수감자 5만여 명이 있다.

이들 중 살인, 강도, 강간 등 흉악범들에게도 재판받을 권리는 보장된다. 반면 전국 수감자보다 더 많은 수의 정신장애인은 충분한 법적 보호 장치 없이 인신 구속에 가까운 상태로 병원과 시설에 있다. 그래서 강제 입원, 장기 입원의 병폐가 드러난다.

정신장애인들이 시설에서 지내는 동안 그들이 돌아갈 지역사회 터전은 점점 더 좁아진다. 지역사회에서 이들은 낯선 존재가 된다. 시설에서 돌아온 정신장애인들이 살아가기에는 너무 고달픈 현실이므로 다시 시설로 돌아가거나 숨어 지내야 한다. 세상도 이들의 존재를 환영하지 않는다. 시설의 강고함과 지역사회의 황폐함이 서로 맞물리면서 거대한 카르텔을 형성하고 이들을 가둔다.

시대에 따라 수용의 주체나 수용 공간의 외형, 수용 방식이 조금씩 달라질 뿐 본질적인 차이는 없다. 국가의 역할도 별 차이가 없다. 민간이 강고한 수용 체계를 구축하는 한편 국가는 이를 지원한다. 민간 수용 체계에서 이루어지는 불법, 인권 침해 행위를 국가는 외면하거나 소극 대응에 머문다.

코로나19 유행으로 정신장애인의 열악한 수용 환경이 적나라하게 드러났다. 폐쇄된 밀집 환경에서 장기간 갇힌 채 지내는 현실이 바이러스에 의해 세상에 모습을 드러냈다. 코로나19가 아니었으면 이런 끔찍한 현실을 사람들이 알기나 했을까? 지금 우리가 목격하는 모습은 과거 100년의 역사가 계속되는 현장 상황이다 대한민국 정신장애인 수난의 역사 한 단면이 지금도 생생하다.

코로나 팬데믹은 우리에게 뉴 노멀을 요구한다. 정신장애인에게도 뉴 노멀이 필요하다. 그들에게 필요한, 그들이 원하는 이 시대 새로운 기준은 무엇일까? 과거 100년의 낡은 체제를 벗고 새로운 체제로의 전환일 것이다. 코로나가 지나고 미래에 새로운 바이러스 팬데믹이 도래할 때는 정신장애인들이 희생되지 않아야 한다.

이탈리아는 이미 40년 전에 '바살리아 법'을 제정하고 정신장애인들의 지역사회 복귀를 선언했고 지금도 실천하고 있다. 정신장애인들이 지역사회에서 함께 살기가 가능함을 보여준다. 이는 관심과 의지 그리고 정책의 문제다. 이것이 우리에게는 뉴 노멀 모델이다. 이탈리아가 이룬 대전환의 국면에서 국가 역할은 절대적이었다.

외면하고 방치하고 무책임한 모습이 현재 대한민국 정신 보건 현장에서 만나게 되는 국가의 형상이다. 정권이 바뀌고 시대가 바뀌어도 한결같다. 이제 오롯이 국가가 지난 역사의 책임을 다해야 할 때가 왔다. 너무 늦었지만 지금이라도 국가가 나서 대전환의 불씨를 살려야 한다. 일제 강점기 이후 100년 넘게 계속된 격리 수용의 낡은 패러다임을 벗고 뉴 노멀, 새로운 패러다임을 열어가는 데 국가의 역할이 무엇보다 중요하다.

믿기는 어렵다. 관성이라는 게 있는데 과연 국가가 알아서 이 전환의 물꼬를 터 줄까? 정신장애인 당사자의 각성과 운동이 그래서 무엇보다 절실하다. 그리고 시민과 지역사회의 연대와 응원이 필요하다. 한 목소리로 국가의 반성과 성찰 그리고 책임 있는 실천을 요구해야 한다.

 잊힌 존재, 투명 인간으로 지내온 세월을 뒤로 하고, 자신을 당당하게 드러내며 '여기 우리가 있다'고 외치자. 더불어 사는 세상을 이제 함께 만들어 나가야 한다.

부록

헌법재판소의 정신보건법 제24조 제1항 등
위헌 확인 헌법소원 각하 결정에 대하여 유감을 표하며

헌법재판소가 개인에 의한 사법적 법률관계인 입원행위를 공권력 행사인 집행행위로 본 것은 기존 판례에 모순됨은 물론 기본권 침해 문제에 대한 헌법적 소명 의무를 외면한 것이다.

1. 2014.1.14. 청구인 박경애 외 3명은, 인하대학교 법학전문대학원 리걸클리닉 센터와 정신보건법 폐지 공동대책위원회의 지원 하에 다수의 공익소송 변호인을 대리인으로 하여 정신보건법 제24조에 의한 강제 입원 조항의 위헌성을 지적하며, 헌법재판소에 법 제24조 제1항 등에 대하여 위헌 확인을 구하는 헌법소원(2014헌마22)을 청구했다.

2. 위 헌법소원에 대하여 헌법재판소(제2 지정 재판부 재판장 이

정미)는 2014.3.4.자 결정(3.7. 송달)으로 청구인들의 심판청구를 각하하며, "청구인들의 신체의 자유 등 기본권 침해는…강제 입원 조치라는 구체적인 집행행위가 있을 때 비로소 발생한 것이지, 위 법률조항 그 자체에 의하여 직접 발생한 것이라고 볼 수 없다"며 앞선 정신보건법에 대한 기존 헌법소원 사건 각하 결정의 이유를 그대로 차용하며 본안에 회부하여 심리하지 않기로 결정하였다.

3. 그러나 이번 각하 결정은 헌법재판소가 헌법재판소 1996.4. 5. 95헌마331 전원재판부 결정으로 확립해온 "기본권 침해의 직접성에서 집행행위는 '공권력 행사로서의 집행행위'를 의미하는 것"이라는 적법 요건에 관한 견해와 헌법재판 원리에 모순되는 결정이다. 개인이나 사립 의료법인이 설치한 정신 의료 기관 등 사인에 의한 입원행위는 공권력 행사인 집행행위가 아님에도 현실을 달리 파악하여, 정신장애인 인권 침해를 방치하고 헌법재판소에 부여된 헌법적 소명 의무를 외면한 이번 결정에 매우 유감이다.

4. 2014년 3월 8일 밤에 방영된 공영방송인 KBS 2TV의 「추적 60분」과 작년 1월 26일 방영된 SBS 「그것이 알고 싶다」 및 정읍정신병원 사건 등의 예에서, 정신병원에 강제 입원된 피해자가 겪는 인권 침해 상황과 강제 입원된 상태에서 이를 구제할 실효성 있는 장치가 없다는 사실이 보도되었다. 청구인 박경애 씨는 2014.1.10. 헌법소원 청구 이전에 제기한 서울중앙지방법원 2014인 제1호 인신보호 청구 사건의 심리가 아직 진행 중이고, 위 인신보호 청구 이후

화성 초록병원, 강화 도담병원에 강제 입원 된 후 2014.1.13.자 인천지방법원 2014인 제3호로 제기한 인신보호 청구 사건의 심리도 2014.3.10.에서야 심문종결된 상태이다. 청구인 박경애 씨는, 인신보호 청구 사건을 관할하는 법원이 강제 입원 시킨 가족에 의하여 자신 소유 재산이 처분될 수 있는 위험이 있음에도 이를 방지할 수 있는 효과적인 법적 조치를 취할 수 없다는 점을 경험하였다.

5. 우리는 정신보건법 제24조가 이해관계인인 정신과 전문의 의료적인 진단과 (법원의 후견 결정이 없이도 후견인의 지위가 법률에 의하여 부여된) 보호 의무자 2명의 동의라는 간편한 요건에 의하여 신체의 자유를 장기간 박탈할 수 있는 위헌적인 법률이라는 점, 그 자체로 수만 명의 환자가 치료의 필요성이 없음에도 장기 수용되어 있는 현실을 초래하고 있는 점을 헌법재판소가 자각하기를 바라고, 재차 이 문제에 대한 헌법적 소명을 구할 것이며 헌법재판소가 이번과 같은 불합리한 결정을 반복하지 않기를 희망한다.

2014년

정신보건법 바로잡기 공동대책위원회

청도 대남병원 참사에 대한
정신장애인 당사자 성명서

"죽음의 자유조차 없는 정신장애인의 권리를 보장하라!"

- 코로나로 인한 정신장애인 사망자 '7명'(한국 전체 사망자 중 54%)
- 대남병원 폐쇄 병동 첫 번째 정신장애인 사망자 당시 몸무게 '42kg'
- 폐쇄 병동 생활 '20년'

1. '7명, 42kg, 20년'

국민은 너무나 충격적이고, 현실이라고 쉽사리 믿을 수 없을 것이다. 그러나 이것이 현실이다! 코로나19가 대한민국에 상륙하여 지역사회로 전파되고 있는 와중에, 이 나라의 불행한 소수자, 정신

병원에 감금되어 있는 정신장애인들은 생명의 위협에 노출되어 있다. 그것이 '청도 대남병원 참사'로 나타났다.

2020년 2월 27일 현재 전체 확진자 1,595명 중 청도 대남병원의 확진자는 114명(환자 103명, 직원 10명, 가족 접촉자 1명)으로 나타났다. 현재까지 총 13명이 사망하였으며 이 중 7명이 대남병원 폐쇄 병동 입원자였다. 전체 사망자 중 절반이 넘는 '54%'가 폐쇄 병동에 입원 중인 정신장애인이었다.

'20년'이라는 시간은 국민은 쉽사리 가늠하지 못할 시간일 것이다. 한 명의 아이가 태어나서 성인이 되는 것까지의 긴 시간. 그러나 그 기간 대남병원의 첫 번째 사망자는 폐쇄 병동이라는 조그만, 한정된 공간 속에 머물러 있었다. 이것이 오늘날 정신장애인이 겪는 현실이다. 도대체 왜 그런 긴 시간 동안 감금해 두었어야 했나? 도대체 왜 자유로운 공기를 숨 쉬지 못했을까? 정부와 사회는 이 문제에 진지하게 답을 해야만 한다.

'42kg'이라는 몸무게는 우리 모두의 가슴을 아프게 한다. 물리적인 환경보다도 오랜 기간 자유가 박탈된 그의 생활이 그를 그렇게 만들었을 것이다.

2. 본질은 장기 입원과 폐쇄 병동으로 구성된 정신 건강 시스템이다!

청도 대남병원 참사의 본질은 장기 입원과 폐쇄 병동으로 구성된 정신 건강 시스템이다. 정신장애인의 입원 병상은 지속적으로 증가 1982년 정신 의료 기관 2,238병상, 정신 요양 시설 5,420병상에서 2016년 정신 의료 기관 83,405병상, 정신 요양 시설 13,519병상으로 증가(국립정신건강센터, 2017; 한국사회복귀시설협회, 2006)했으며, 중증 정신장애인의 재원 기간(중앙값)은 2000년 277일에서 2016년 303일로, 정신건강복지법이 시행된 이후에도 여전히 120일 넘고 있다. 정신 의료 기관 및 정신 요양 시설 입원자 및 입소자의 재원 기간(중앙값)은 2000년 277일, 2016년 303일로 나타난다(국립정신건강센터, 2017). 참고로 OECD 가입국들의 평균 입원 기간은 49.1일(OECD Online Statistics, 2018; 권오용 외, 2018 재인용)이며, 약 6배의 차이가 존재한다. 그중에는 20년이란 긴 시간 동안 정신병원에 갇혀 있는 사람도 허다하다.

폐쇄 병동에 장기 입원하는 것은 '정신 질환은 위험한 것이고, 질환에 걸린 개인의 잘못이며, 사회에서 격리시켜야 한다'는 전제하에 만들어진 지금의 제도와 정책 때문이다. 장기간 정신병원에 감금되어 있는 중증 정신장애인들의 신체는 약에 찌들고 병들기 마련이고, 사회로부터 격리되어 있기 때문에 사회적 기능은 더 떨어질 수밖에 없다. 그렇기 때문에 가족과 사회의 관심에서 더 멀어지게 된다. 결국 사회로부터 버림받은 것이다.

우리는 장기 입원과 폐쇄 병동이 아닌 '단기 입원과 개방 병동', 더 나아가 '지역사회 자립'을 강력히 촉구한다. 더 이상 외면하거나 미룰 일이 아니다. 정신 질환을 개인의 탓으로 돌려서는 안 된다. 장기 입원을 경험한 정신장애인은 사회적응력이 떨어질 수밖에 없어서 지역사회로 복귀한 이후에도 오랜 적응 기간을 거쳐야 한다. 인내심 있게 그런 기회를 주지 않으면 다시 재입원을 하게 된다. 더 이상 회전문 현상, 증상의 문제를 개인의 문제로 치부해서는 안 된다. 그것은 정신장애인에게 장애인권리협약에서 요구하는 주거와 복지를 제공하지 않았기 때문이다.

3. '입원과 약물' 만능주의를 타파하라!

청도 대남병원의 비극은 '입원과 약물' 만능주의에서 예정된 참사였다. 폐쇄 병동에서의 입원은 자유가 없고, 모든 '재난'에 무방비로 노출되어 있다. 코로나19가 아니었어도, 지진, 쓰나미 등 어떠한 재난이었어도 폐쇄된 공간에 모여 있는 정신장애인은 취약할 수밖에 없다.

매스컴을 통해 공개된 청도 대남병원의 충격적인 모습은 정신장애인에게는 전혀 충격적이지 않다. 전국에 산재한 비슷한 동네에 비슷한 규모의 정신병원의 모습과 별다르지 않다. 열악한 시설과 침대 없는 좁은 방에 여러 명이 수용되어 있고, 집단적으로 생활하는 모습은 매우 흔한 정신병원의 실상이다. 42kg이란 몸무게는 식사 또한 매우 열악했음을 짐작하게 해준다.

당연히 신체적으로 취약하게 되고, 장기간의 과도한 정신과 약물 복용으로 인해 전염병에 더 취약하게 된다. 대남병원 참사는 바로 그 결과였다. 대남병원 참사에는 지금까지 안일하게 고수되고 있던 '약물, 입원 만능주의'가 깔려있다. 사회와 정책, 예산, 서비스 모두 '입원과 약물'에만 모든 자원을 쏟아붓고 있다.

그 결과 '20년'이라는 긴 시간. 어쩌면 그 안에서 그는 조금씩 조금씩 이미 죽어가고 있는 존재였을 수 있다. 이처럼 정신장애인은 '살아있어도 산 존재'가 아니었을 수 있다. 우리는 요구한다. 당사자의 목소리를 들어야 한다. 우리는 요구한다. 이제는 국가가 지키기로 약속한 장애인권리협약에 따라 폐쇄 병동에 감금하는 정신질환 정책을 포기해야 한다. '장기 입원과 폐쇄 병동', '입원과 약물' 만능주의는 인권 침해일 뿐 아니라, 아무런 효과도 없다. 폐쇄 병동에 감금된 정신장애인을 지역사회에 돌려보내야 한다. 지역사회에서 주거와 복지를 제공해야 한다. 우리는 이를 위해 다음과 같이 요구한다.

1. 정부는 폐쇄 병동에 감금되어 있는 정신장애인에 대해 전면적인 실태 조사를 하라.

1. 정부는 정신병원의 폐쇄 병동을 폐쇄하라.

1. 정부는 정신장애인을 감금하지 말라!

1. 정부는 정신장애인을 위한 지역사회 주거 서비스를 확충하라!

1. 정부는 정신장애인이 자유를 숨 쉴 수 있는 지역사회 내 쉼터를 제공하라!

1. 정신장애인이 지역사회에서 더불어 살아갈 수 있도록 직업, 동료지원, 자조 단체 등 복지 서비스를 확충하라!

1. 비자의 입원은 응급 입원 이외의 모든 비자의 입원을 폐지하라.

1. 비자의 입원은 국공립병원에서만 실시하라.

2020년 2월 28일
한국 정신장애인 당사자 단체 일동

(사)정신장애와인권 파도손, 한국정신장애인자립생활센터,
한국정신장애인협회, 수원마음사랑, 부산침묵의소리, 부산희망바라기

정신장애인 당사자 권리선언

전문前文

- 우리는 세계 인권선언, 유엔의 시민적 및 정치적 권리에 관한 국제규약, 경제적 사회적 문화적 권리에 관한 국제규약, 고문 및 그밖의 잔혹한, 비인도적 또는 굴욕적인 대우나 처벌의 방지에 관한 협약, 아동권리협약, 장애인권리협약 등 정신적 장애인의 인권 보장을 규정한 국제 인권 규범이 우리나라의 정신장애 당사자들에게 모두 제한 없이, 즉시 적용되어야 한다는 점을 확인하고,

- 2017년 9월 6일 '국가 정신건강 정책 솔루션 포럼 참여단체 공동선언문'에 참여한 국내 21개 기관의 선언과 2017년 10월 13일 충청남도 정신건강의 날에 선언된 '정신장애인의 권리 선언'이 국가와 전문단체들이 정신장애인의 인권을 존중하기 위한 노력의 일환임을 인정하면서

여기에 연대의 의사를 표명하고,

- 정신장애인의 인권 보호를 위해 국가가 노력하였다고 하더라도, 이 땅의 정신장애인은 다른 어떤 유형의 장애인들보다 법과 제도로써 억압되어 왔으며, 치료 목적이어야 할 정신병원 입원이 이윤 추구를 위해 정신장애인을 장기간 감금 대상으로 전락시켜 비인도적이며 굴욕적인 대우를 하는 공간이 되었고, 지역사회에서의 복지 서비스에서는 배제와 차별의 대상이 되었다는 정신장애인 단체의 오랜 비판에 대해, 국가와 사회는 여전히 많은 부분과 영역에서 당사자의 인권과 권리를 침해하는 수많은 제도와 관행이 정신장애 당사자의 인권을 짓누르고 있는 현실 앞에 엄중한 책임을 통감하여야 한다는 점을 지적하면서,

- 정신장애 당사자가 치료, 가족생활, 사회생활에서 인권과 권리를 보장받을 수 있도록 자주적인 힘을 결집하여야 한다는 인식 하에,

- 정신장애인 당사자에 관한 법률의 제정과 개정, 정책의 결정과 집행에 당사자와 당사자 단체의 참여가 보장되어야 하며,

- 정신장애 당사자 각자의 인권과 권리가 신장될 수 있도록 생활의 모든 영역에 걸쳐 어려움에 처해 있는 개별 당사자들에 대한 권리 옹호와 권리 행사 지원 서비스를 제공하여 당사자 스스로가 자기 권리를 행사하고 옹호할 수 있도록 지원하는 것이 국가의 책임이라는 점을 명확히 하면서,

- 정신장애 당사자의 권리 중 최소한이면서 동시에 즉각적으로 실현되고 보장되어야 할 핵심적인 권리를 모아 선언하기에 이르렀다. 이 선언은 현 시점에서 당사자가 절실하다고 느끼는 부분이며 향후 지속적

으로 발전되어야 한다.

치료에서의 권리

첫째, 강제 입원은 완전히 폐지되어야 하고, 개방적이고 자유로운 분위기에서 치료받을 권리를 보장하여야 한다. 또 응급 상황에서 적절한 치료를 받을 권리를 보장하여야 한다.

응급 상황에서 많은 정신장애 당사자가 치료 지체, 치료 거부를 경험해 왔다. 이는 당사자의 건강과 상태를 악화시키는 주된 원인의 하나이다. 응급 상황 기준 설정과 응급처치 매뉴얼 마련을 비롯한 응급 상황에서의 치료에 더 많은 관심을 기울여야 할 것이다. 응급 상황이 아니라면, 치료가 필요한 당사자에게 의료진은 정신장애인을 한 인간으로 존중하는 마음으로써 치료를 설득하고, 당사자를 옹호하고 지원하는 인력이 당사자의 욕구와 희망을 의료진에게 적절히 전달한다면 대부분의 경우 자의 입원과 자의 치료가 가능할 것이다. 더 심각한 문제는 폐쇄적이고 자유가 박탈된 치료 환경은 정신 질환 당사자의 인권을 침해하고 모멸감을 느끼게 하며 자존감을 짓밟는다는 것이다. 응급 상황이거나 긴급한 필요가 있는 매우 짧은 시간을 제외한다면 이런 치료 환경을 유지할 어떠한 이유도 없다. 유일한 이유는 치료 목적이 아니라 관리비를 절약하여 더 많은 이윤을 추구하려는 목적 때문이다. 비자의 입원을 폐지하고, 개방적이고 자유로운 치료 환경을 유지하는데 국가의 재원이 투입되어야 할 것이다.

둘째, 치료, 입원의 모든 상황에서 자기 결정권을 존중하고 보장하여야 한다.

우리는 어떠한 상황에서도 치료와 요양에 있어서 타인에 의한 결정을 배격한다. 어눌하거나, 표현하지 못하거나, 질문에 답하지 못한다는 이유만으로 어떤 성인에 대한 자기 결정권을 행사할 수 없다고 판단하는 모든 기준을 배격한다. 다른 표현과 방식으로 전달하는 당사자의 의사를 이해하지 못하는 점을 반성하고, 그것을 이해하기 위한 다양한 방법과 장치를 마련하여야 한다. 그 점에서는 사전의료지시서를 등록할 수 있게 하고, 미처 사전의료지시서를 등록하지 못한 경우에는 당사자의 의사 결정을 지원하거나 다른 표현과 방식으로 전달하는 당사자의 의사를 제대로 해석하여 전달해 줄 수 있는 의사 결정 지원 서비스를 제공하는 것을 지지한다.

사회생활에서의 권리

첫째, 당사자가 지역사회에서 가족에게 부담을 주지 않고 독립하여 생활할 수 있는 권리를 보장하여야 한다. 이를 저해하는 각종의 차별적인 제도를 전면 폐지하여야 한다.

성인이 된 이후에는 부모, 형제로부터 독립하여 생활하는 것을 보장하여야 할 것이다. 이를 저해하는 부양의무자 제도 폐지를 적극 지지한다. 또한 기초생활 수급자 제도를 전면 개편하여 개인별 수급 제도로 전환하여야 할 것이다.

둘째, 지역사회에서 자립하여 생활할 수 있도록 최저 임금이 보장되는 공공 일자리를 제공하여야 한다. 이웃과 더불어 살아갈 수 있도록 공공 임대 주택 및 지원 주택을 제공하여야 한다.

정신장애 당사자는 자신이 좋아하는 일을 하면서 지역사회에서 생활할 수 있어야 한다. 최저 임금이 보장되는 더 많은 공공 일자리가 정신장애 당사자에게 제공될 수 있도록 정책을 개발하고 예산을 지원하여야 할 것이다.

셋째, 당사자 조직, 당사자 자조 모임, 당사자의 정신 질환 연구 모임을 지원하여야 한다. 당사자에 대한 지원을 이유로 당사자 조직, 모임의 독립성을 침해해서는 안 된다.

타인이 마련한 프로그램에 일방적으로 참여하도록 하는 형태가 아니라, 당사자가 자신의 경험을 다른 당사자와 공유하며, 정신 질환을 연구하고, 정신장애인을 위한 각종의 제도를 제안하고, 당사자를 위한 각종의 정책과 제도의 집행에 참여할 수 있도록 다양한 형태의 당사자 모임의 지원을 법률로 보장하여야 할 것이다.

가족생활에서의 권리

첫째, 평화로운 가족생활을 할 당사자의 권리를 보장하여야 한다. 가족이 직면한 의료, 직업, 사회적 곤란과 어려움을 가족 단위로 해결하기 위해 지원하여야 한다.

치료와 입원 과정에서 당사자의 가족에게 부담을 지우는 보호 의무자에 의한 입원 신청은 지양되어야 한다. 가족이 당사자를 제대로 이해할 수 있도록 다양한 방법으로 지원하여야 하며, 정신장애 당사자를 돌보느라 겪게 되는 어려움을 가족 단위로 파악하여 지원하여야 한다.

둘째, 의료적, 복지적, 사회적, 권리적 지원과 정보를 가족에게 제공하여야 한다.

가족들에게 각종의 정보를 제공함으로써, 각 가족의 선택에 따라 다양한 방법으로 정신장애 당사자를 돌볼 수 있도록 지원하여야 한다.

사회적 편견 해소

첫째, 당사자가 타인과 다를 권리는 불가침적인 권리로서 국가와 사회는 이를 보장하여야 한다. 다른 사람을 해치지 않는 한, 다른 사람과 다르게 보고, 듣고, 느끼고, 상상하고, 믿거나 경험할 권리를 침해해서는 안 된다.

자살을 하려거나 타인을 공격하거나 공격하려는 현재, 임박한 현저한 위험이 없다면 남들과 다른 행동과 생각을 한다고 해서 정신장애인을 치료의 대상이라거나 관리의 대상으로 이해해서는 안 된다. 정신장애인이 타인과 달리 경험하는 것을 그 자체로 존중하고, 이해하려고 노력해야 할 것이다. 그래야만 정신장애인 당사자의 선택과 자기 결정권의 행사로 치료받고자 할 수 있다. 치료의 결과가 좋지 않다 하더라도 당사자의 자기 결정권 행사의 결과이기 때문에 그것조차 본인의 삶에 귀중한 자산이 될 수 있다. 당사자의 다른 경험과 믿음을 강제적으로 해체하려고 해서는 안 된다.

둘째, 미디어는 정신질환에 대한 왜곡되고 부정적 인식을 조장하고 확산하는 것을 중단하여야 한다.

여러 사건이 날 때마다 정신 질환이 있다거나 정신과 약을 복용하였다는 사실을 보도하거나 그에 관한 궁금증을 표시하는 미디어는 사회 구성원에게 정신장애인이 위험한 사람이라는 인식을 심어

준다는 것을 알아야 할 것이다. 객관적인 행동과 그 행동의 배경이 아니라 그 사람의 질환이나 치료 내역을 범죄와 연결지어 보도해서는 안 될 것이다.

셋째, 정신 질환 또는 정신장애가 있다는 사유로 당사자를 차별하는 모든 법과 제도를 폐지하여야 한다.

정신 질환이나 정신장애가 있다는 이유로 정신장애인을 차별하는 법률과 제도, 정책은 즉각 폐지되어야 한다. 차별적 법과 제도, 정책이 정신 질환의 조기 발견, 조기 치료를 저해하는 주된 원인이며, 정신장애인의 인권 침해를 합리화시키는 구실일 뿐임을 인식하여야 할 것이다.

2018년 6월 1일